汉语语言学问题解答

HANYU YUYANXUE WENTI JIEDA

李华倬　李国屏　著

中国出版集团
世界图书出版公司
广州·上海·西安·北京

图书在版编目(CIP)数据

汉语语言学问题解答 / 李华倬，李国屏著. —广州：世界图书出版广东有限公司，2014.1（2025.1重印）

ISBN 978-7-5100-7162-1

Ⅰ.①汉… Ⅱ.①李…②李… Ⅲ.①汉语—语言学—问题解答 Ⅳ.①H1-44

中国版本图书馆 CIP 数据核字(2013)第 271181 号

汉语语言学问题解答

责任编辑 翁 晗
出版发行 世界图书出版广东有限公司
地 址 广州市新港西路大江冲25号
http://www.gdst.com.cn
印 刷 悦读天下（山东）印务有限公司
规 格 710mm × 1000mm 1/16
印 张 11.75
字 数 185 千
版 次 2014 年 1 月 第 1 版 2025 年 1 月 第 3 次印刷
ISBN 978-7-5100-7162-1/H · 0836
定 价 58.00 元

前　言

在对外汉语教学中，外国学生常常会提出一些令中国教师难以回答的问题，他们也经常会造一些病句，中国教师亦往往只知其有病，而不知其所以有病的道理。然而学英语的中国学生却很少会提一些令教师也不能回答的问题，是外国学生有意为难中国教师吗？不是的，是因为外国学生难以通过汉语语法来了解汉语的建构规则，中国学生则可以通过英语语法了解英语的建构规则，可见问题还是出在汉语的语法上。正是由于目前所流行的汉语语法不能完整而全面地解释汉语事实，所以才使得中国教师在面对一些病句时难以从理论上说明其所以会成为病句的道理。

要解释汉语，首先就要认识汉语。在这个问题上，本书的观点是这样的，认为汉语是用模拟的方法描述世界，模拟便会造就相似，透过相似就能够形象地展示世界，于是汉语便成为了形象化的语言，古汉语的形象化程度很低，现代汉语的形象化已经发展到非常完善的地步了，于是就可以用形象分析的方法来解释汉语。

形象化就意味着语况和所描述的实况在形象上有统一性。然而形象与观察的视角有关，同一种实况可能由于视角的不同而向人们展现不同的形象。由此可见，一种实况可以对应多种形象。实况用语义来表示，形象则用形象意义来说明，就因为一种实况可以对应多种形象，所以形象意义和语义不能混为一谈。比如“我吃了他三个苹果”和“他给我吃了三个苹果”，以及“他把三个苹果给我吃了"都描述了同样的实况，因而就有相同的语义，但形象意义却不相同。正是因为针对一种实况的形象有多种，所以就使得同一语义能用多种句式表示。

形象的统一必须基于共同的法则和逻辑，因此便可以断定，汉语的建构规则是按所表达的形象而选择的自然法则和逻辑规则，而不是人为制定的语法规则。这样一来，汉语便具有了客观性。其实这也不奇怪，因为中国人自古以来就崇尚"天人合一"，用现代的观点来理解，"天人合一"就是主观和客观的统一。语言自然是主观行为，但"天人合一"的观点必然会使得中国人把自然法则和逻辑规则也融入语言之中，从而导致汉语也具有自然的属性。既然汉语具有自然属性，就说明汉语语言学已经成为兼跨文理的学科，于是，汉语的解释便可以借助一些自然科学和哲学的原理与概念，而且一些自然科学和哲学的研究方法也可以引入到汉语的研究之中。语言学家徐通锵先生认为语言是现实的编码体系，这样看来，句子就等于是对现实的一组编码，解释语言就等于是对现实的编码进行解码。

西方人的思维方法是按形式逻辑的推理，把这种思维方法用于语言必然会推演出一套形式化的语言规则，按照形式规则建构的语言自然就是形式化的语言了。中国人的思维方法是按辩证逻辑的论理，把这种思维方法用于语言，便使汉语成为了理据性的语言。既然汉语是用论理的方法建构的，认识和解释汉语自然也要借助于论理的方法。论理实际上就是理据分析，所谓形象分析，便是根据和所表达的形象相适应的自然法则和逻辑规则而进行的理据分析，这样看来，形象分析实际上是理据分析的落实，或者说是理据分析的具体化。

现在流行的汉语语法几乎是以形式语法为蓝本而写成的，直到现在也脱离不了形式语法的框框。形式语法解释西方语言的建构规则是非常有效的，然而却解释不了汉语的理据，于是人们只好从形式上去描写汉语的建构规律。正因为长期以来只描写，不解释，以至于在人们心目中形成了这样的印象，认为汉语是约定俗成的语言，约定俗成的语言当然是不能解释的，然而从形象化的角度去观察汉语，就会认为汉语的语言现象是可以解释的。鉴于汉语正在走向世界，本书便试图从形象化的角度，用形象分析的方法去解释汉语。虽然形象分析目前还未得到公认，但其对汉语的解释力总不能因此而予以否认吧！有句名言："不管白猫黑猫，抓到老鼠就是好猫。"只要书中所言能全面而完整地解释汉语，作为教学参考书总是可以的吧！再说，让教师和学生听听不同的声音，见识一下不同的方法也不是什么坏事。

笔者绝无自命正确之意，但使前后一致，并能自圆其说，则是笔者所追求的境界，至于正确与否，正确性有多少，就要靠公众来评议了。

目 录

第1章 汉语的一般性问题

要解释汉语首先就要认识汉语，直至今日，之所以很多语言现象不能解释，问题就出在认识上，而认识的焦点则是汉语的特殊性，可是共性论的观点一直占据着语言界的主流地位，以至于一谈汉语的特殊性就会招致反对的声音，然而汉语的特殊性是客观存在的事实，不承认这个事实是会吃亏的。

当然，共性论者也不是完全否认汉语的个性，但是却认为要在共性的指导下来研究汉语的个性，然而个性和共性并不在一个层次上，层次愈浅个性愈强，反之，层次愈深共性愈大，比如说，在基因层面上猩猩和人有99%以上的共性，也就是差异性不到1%，然而表层的差异就大了，人有智慧，有语言，猩猩没有。众所周知，人的认识规律是由浅入深，这样的规律必然导致认识从个性到共性，从特殊到一般，因为个性都体现在表层。由此可见，那种认为要在共性的指导下来研究汉语个性的观点是违反认识规律的，因而也是不可能实现的。其实，在对汉语的个性没有搞清楚之前，根本就不可能知道语言的共性是什么，谈其指导，岂不令人茫然？

认识汉语个性的初始途径就是将汉语和西方语言进行对比，为此，首先就值得研究一下汉语有没有像英语那样的形式语法。其实从表面上也可以看得出来，汉语确实有着一些非常明显的特殊之处，比如说，它不像英语那样分词连写，不像英语那样句中一定要有主语和动词，也不像英语那样强调语法规则。此外，汉语的句子可以归纳为数量不多的一些句式，尤其是虚词和量词的大量使用。总之，这些问题都要给予理性的解答，否则教学就不能主动。

1.1 汉语也有人为制定的形式语法吗？

众所周知，印欧语都有一套形式语法作为造句的规范。规范自然不会是客观存在的，而是人为制定的，否则，印欧语的规范就会是一样的。现实的情况是，同为印欧语系的形式语法却各不相同，有的甚至差别很大，可见形式语法绝对是人为制定的无疑，其目的就在于统一人们的语言行为。

自《马氏文通》发表以后，中国的语言学者认为在汉语里也一定会有形式语法，并为寻找这种语法而付出了艰辛的劳动，然而时过一百余年的今日，汉语的形式语法依旧未能定型，这就不能不令人怀疑汉语中是否有形式语法存在了。

汉语有没有人为制定的形式语法呢？这个问题可以从两个方面来看，一个方面是从语言事实看，另一个方面是从中国的民情看。

人为制定的语法自然可以反映人的主观意愿，印欧语的语法结构和语法意义之所以有严格的对应性就是这个缘故。汉语缺乏这样的形式规范，以至于句法结构相同的句子却没有相同的句法意义，比如“爷爷死了三年了”和“奶奶病了三天了”的句法结构虽然相同，却不能表现出同样的时态，前一句表示爷爷三年前就死了，体现了过去时态；后一句表示奶奶仍在病中，体现了正在进行的时态。又比如，同样是句中有“了”的“吃了饭”和“当了兵”也有不同的语法意义，前者表示吃完饭了，后者表示当兵仍在继续，这说明在汉语里语法结构和语法意义没有对应性。对应性的不存在足以说明汉语没有人为制定的形式语法。事实上，在历史上只听说有过几次汉字的重大改革，却未听说有人为汉语制定过语法规则。《马氏文通》未发表之前的汉语研究也都是以字为中心而开展，未听说有人涉及过汉语的语法研究，这说明汉语不存在语法的问题。其实早在1826年，德国语言学家洪堡特在其论著《论汉语的语法结构》中就明确地指出：“汉语和其他语言之间的区别可以归结于一个根本的事实：在把词联结为句子时，汉语并不利用语法范畴……一旦我们进入语法范畴的领域，就会改变汉语句子的本性。”[①]由此可见，作为外国学者的洪堡特早就否认汉语中有形式语法存在了。

---

①转引自《语言研究》2001年第4期，第1页。

正如以上所述,研究汉语也应当考虑中国的民情,中国人是不讲规范只讲道理的,而道理却离不开原则,否则就会“公说公有理,婆说婆有理”,为了坚持原则就只好放弃规范,因为原则和规范常常相互抵触、相互矛盾。比如《孙子兵法》就是作战原则,而不是作战规范,马谡把它当成了规范,结果吃了败仗,失了街亭。中国人主张原则下的灵活,也就是坚持原则性和灵活性的统一,这种思维方法不可能不折射到语言中来,以至于汉语被认为是非常灵活的语言,也正因为如此,从形式化的角度去探寻汉语的语法就成为了难以实现的历史难题。

1.2 为什么说统一论是指导汉语的纲?

洪堡特曾提出一个著名的论断,他说:“每一种语言里都包含着一种独特的世界观。”[②]洪堡特做出这一论断是有道理的,因为世界观是人们对世界的根本看法,而语言的目的又是描述世界,于是人们就很自然地会根据自己的看法来建构语言,因而世界观对语言就会起着必然的指导作用。中国人的世界观是统一论,汉语自然就会受着统一论的指导,这样看来,统一论就是指导汉语实践的纲了。后面的分析和解答都可以证明,凡是抓住了统一论这条纲,问题就会迎刃而解,否则,汉语的问题就总是纠缠不清。其实,反映于汉语中的思维方式也受着统一论的指导,举例来说,中国人认为空间运动、时间运动和信息运动都有统一性,于是一些表示运动的词便可以共用。比如“来”,其基本意义当然是表示事物由远处而至说话人处的空间运动,也就是表示事物趋近于说话人的意思,如“客人来了”,然而也用于表示季节的来临,如“春天来了”,表示由远时至现在,如“近一年来他一直带病工作”,同时还能表示信息从远处传递至说话人处,如“我听来一个最新消息”。这种语用的扩展实际上就是意义的引申。几乎每个汉字都有许多引申义,而且随着社会生活的深化,引申义有增无减,这种字义的引申就来自统一论的思维方式。

统一论的世界观也指导着语言的建构,于是就使汉语的句子成为了统一结

①转引自徐通锵:《语言学是什么》,北京大学出版社2007年版,第171页。

构。可以形象地把一个汉语句子比作一栋楼房,楼房就是一个统一结构。楼房的基本材料是水泥、砖、砂和钢材,它们既可单独作为构件而参与楼房的建造,也可彼此组成复合构件而参与楼房的建造。汉语句子的基本结构单位是字,和楼房一样,字既可单独地参与句子的建构,也可以彼此组合后再参与句子的建构。如果把单独参与建构的字称为单纯词,那么组合后参与建构的字组就可称为合成词或词组。楼房为了维持统一性,必须使各构件(包括独立构件和复合构件)之间在结构上紧密相连,同样,句子为了维持统一性,必须使各词(包括单纯词和复合词与词组)之间在语义上也紧密相连。语义的联系或表现为相互说明,或表现为相互限制。

其实,建构学科也和建造楼房一样,必须要有自己的基础,自然科学的学科基础就是几个基本定理,或被实验证实了的基本假设,比如力学的基础是牛顿三大定律,相对论的基础是光速不变的假设,宇宙学的基础是大爆炸理论,地震学的基础是板块理论。即使是人文科学,也照样要有自己的学科基础,人文科学的不同学派便是以基础观点而区分的。由此可见,汉语语言学要想成为真正的科学,也必须找到自己的基础。笔者认为,作为汉语的纲,统一论就完全有资格充任汉语语言学的基础。

1.3 为什么汉语不能分词书写?

从哲学意义上来说,中国人的统一论世界观也造就了统一论的语言观。统一论的语言观也把每一个字都看作是由笔画构成的统一体。这些小统一体又通过语义的联系而构成句子这个大的统一体。直观上字与字紧密相连,这就在形式上意味着联系的紧密性。如果分词书写,词与词之间势必隔开,也就意味着字不能连续地紧密相连,这当然就有损于句子的紧密性,因而也就违背了统一论的语言观。人们自然不会从语言观去看汉语的书写问题,只是觉得分词连写看起来不舒服,其实,不舒服感本身就意味着汉语中所蕴涵的语言观已深入中国人的意识深处,只是没有在理性上觉察而已。现在来看一个例句"下雨了",此句表示正在持续的时间"了"和自然行为"下雨"的统一,因此该句就表现了正在进行时。不难看出，该句由“下雨”和“了”组成，如果将此二者分隔而写成“下雨 了”，则意味着二者没有实现统一，自然就不表示正在进行的时态了。但“下雨了”也可以表示下雨在现在时刻的开始，也可以表示下雨在现在时刻的继续。若表示下雨三天后又在现在时刻继续，则必须插入“三天”而表述为“下雨三天了”，此句表示“下雨”先和“三天”统一，然后再和“了”统一。若将其写成“下雨 三天 了”，则显露不出统一的寓意，这就违背了统一结构的原则，由此可见，中国人的语言观决定了汉语不能分词书写。承认有词，但是又不分词，而是分字，这便是汉语的书写特点。很多人想打破这个特点，也主张分词书写，但是做不到，不管怎么宣传和示范，群众就是不接受，这说明汉语植根于字的本性永远不会改变。

1.4 英语无主语不能成句，为什么汉语无主语却能成句？

英语句子的基本结构是主谓结构。主谓结构的特点是主语以外的各成分组成谓语对主语进行说明，由此可见，在主谓结构中主语是句子的中心，中心自然是不可缺少的，即使没有语义上的主语，也要设置一个形式主语。汉语的基本结构是统一结构。统一结构的特点是结构中的各个成分互相说明，而不是只说明主语，可见汉语不承认主语的中心地位，以至于无主语也能成句。正因为主语不是句子的中心，所以在汉语里，同一个名词既可以出现在主语的位置（动词之前），也可以出现在宾语的位置（动词之后），只要是针对同一个现实结构，所表达的句意就会一样。比如“主席团坐（在）台上”和“台上坐（着）主席团”的意义就基本相同，但前一句的“主席团”占据了主语的位置，后一句的“主席团”却占据了宾语的位置。主宾位置对换而句意不变的现象可以这样来解释：“主席团”和“台上”是句子所要描述的两个主体，在中国人看来，这两个主体构成了一个统一的现实结构。前一句表示“主席团”通过“坐”而和“台上”发生着统一关系，后一句表示“台上”通过“坐”而和“主席团”发生着统一关系，尽管两句的主宾语不同，所选用的助词也不一样，但这两句所描述的统一性却仍然不变，因而基本语义也就相同。

其实,英语句子中动词也是必要的成分,即使语义上不需要,也要插进一个"be",这就是形式语法的特点。汉语却不管这一套,只要能够把意思表明,没有动词的句子照样可以说,从这一点看,汉语似乎是灵活性很大的语言。其实汉语的造句还是有原则的,这个原则就是一定要把时空意义或动作的结果(已然的或未然的)交代清楚,比如说,"我吃饭"就不能成句,因为没有时空意义,"我要吃饭","我吃饭了"和"我吃了饭"都有时空意义,因此就能成句。"把饭吃"也不能成句,"要把饭吃完"和"把饭吃完了"方能成句,前一句表达了未然的结果,后一句表达了已然的结果。

1.5 时空统一法则有何语用意义?

中国人在语言的表述中常常会自发地把时间和空间等效,其表现就是把应用于空间描述的词也套用于时间的描述,这种效应不能不归咎于时空统一法则对汉语的指导。其实时空统一法则体现了时间和空间的统一。时空统一是中国人的时空观,由于此法则有着极其重要的语用意义,所以就将其提出而予以专门的论述。总的来说,时空统一法则的语用意义表现为两点:①时空比拟;②时空对应的描述。

1.5.1 时空比拟

"现在"、"过去"和"将来"是最普通和最常用的三个时间词,然而从字面上的词义来看:"现在"表示事物的现实存在,也就是事物在当前时刻的存在;"过去"表示事物离此而去;"将来"表示事物将会来临。总而言之,这三个词都表现了空间意义,然而汉语却把事物现实存在的时刻也称为"现在",把事物已过现在时刻的存在时间称为"过去",把事物将会来临的存在时间称为"将来"。此外,长和短本来是用于空间的量度,如"长距离"和"短距离"、"长途"和"短途"、"长裤"和"短裤",却也用于时间的量度,如"长时间"和"短时间"、"长期"和"短期"、"长假"和"短假",这种时空比拟充分体现了时空统一法则对汉语在时间表达上的指导。

以上所述是时空的静态比拟，事实上时空也可以动态比拟。比如“来了”本是表示人由远处而至说话人处，“到了”也表示目的地的到达，然而也用于时间表述，如“春天来了”，“开会的时间到了”。

1.5.2　时空对应的描述

如果用Q表示空间量，用T表示从某点开始计算的时间，则可以写出时空函数如下：

$$Q = \mathrm{F}(T)$$

空间状态也同样对时间有着依存性，因而上式中的Q也可以理解为量化了的空间状态。时空函数就是时空统一法则的数学表达。

不难看出，时空函数表示了Q和T之间互相依存的对应关系，也就是说，Q和T不能各自独立，只要其中的一个量确定了，另一个量便会随之而定。正是运动维系着这种对应关系，所以汉语的时空描述就遵循着这样的逻辑：先给出一个量，然后通过动作的持续而导致另一个量。例如：

(1) a.他一小时走了五公里路。　　　　b.他五公里路走了一小时。

时间量和空间量在此二句中通过“走”的持续而表现了严格的对应性，可见时空的统一性也就是时空的对应性。下面这一句就没有表现出这种对应性，所以该句不能成立。

(2)*他走了一小时五公里路。

然而下面的句子却是成立的：

(3)他走了一小时(的)路。

句(3)的逻辑也和上面所讲的一样，因为时空有统一性，所以走一小时的同时也必然会走一个与一小时相对应的空间量，然后说明，具有这个量的事物不是别的而是“路”。正因为“一小时”已经对应着一个空间量，所以就容不得后面再出现一个空间量，如句(2)所示。由此可见，汉语的时空描述严格遵守着时空统一法则，绝不越雷池一步。秦洪武(2002)试图用界性理论来说明这个问题，他认为“了$_1$”[①]后面接两个有界名词就会互相排斥，句(2)不能成立就是因为这个缘

①语法界把句中“了”称为“了$_1$”，把句尾“了”称为“了$_2$”，见本书第5章5.1节。

故。但是用界性理论却解释不了他自己所提出的"读了两天《红楼梦》"为何又能成立。因为"两天"和《红楼梦》也都是有界名词。其实,"了$_1$"后面同时出现时间量和空间量才会互相矛盾,句(2)就是因为这个缘故而不能成立。《红楼梦》只是名而没有量,因而不和"两天"发生矛盾。如果《红楼梦》有量,句子就不合格了,比如"读了两天一本《红楼梦》"就因为不合格而不能成立。代词都代表具体事物,具体事物都是有空间量的,因此代词也不能接在时量词的后面,比如"我看了三天这本书"就不能成立,将"这本书"前移后的表述"我看了这本书三天"或"这本书我看了三天"才能被接受。照此推论,"我等了半天你"也不能成立,也必须将"你"前移而表述为"我等了你半天"或"你我等了半天",不过最常说的还是前一句,后一句的逻辑模糊,因而说得少。如果将"你"改为"汽车","我等了汽车半天"反而不能说,"我等了半天汽车"才是正确的表述,原因就是泛指的"汽车"没有具体的空间量。如果指明是1路汽车,"我等了1路汽车半天"就可以说了,然而"我等了半天1路汽车"却又变得别扭。由此可见,汉语的用词非常严谨,在时空统一性的原则上不允许有半点疏漏。

"张医生十分钟看一个病人"也可以说成"张医生一个病人看十分钟",然而"一天吃三顿饭"却不能说成"三顿饭吃一天",为什么?就是因为张医生把十分钟的时间全用于看一个病人,从而可以认为"十分钟"和"一个病人"有对应性。一天的时间会全用于吃三顿饭吗?绝对不会,因此,"一天"和"三顿饭"没有对应性,没有对应性的两个量自然不能对调,不能说"三顿饭吃一天"就是这个道理。总之,时空对应性是最重要的,$Q = \mathrm{F}(T)$所表示的也正是时空的对应性,缺乏对应性的两个量自然不能适应此式,由此看来,汉语的时空描述是符合数学原则的。

1.6 如何才能使外国学生也建立起对汉语的语感?

笔者赞同徐通锵先生的看法,也认为汉语是理据性语言,但汉语中的理据一直未能被人们认知,只是通过实践而被人们感知,感知的结果便形成语感而贮存于大脑之中,以后便靠着这些语感去进行交流,即既用语感去建构语言,也用语感去判断听来的语言。其实,语言的习得过程也就是对理据逐渐感知的过程,事实上这个过程从婴幼儿时期就开始了，学校的书面学习不仅是感知的继续，更是感知的强化，历来的汉语教学之所以强调阅读范文，目的也在于此。由此可见,中国人在入学之前就已经有了对汉语的基本语感。为什么目不识丁的成年人经过短期的扫盲学习之后就能够达到阅读报纸的水平呢？就是因为他们在此之前就已经有了对汉语的语感，所谓扫盲也只是学字，而不是学语。外国学生压根就没有对汉语的语感,必须通过教师的理据性讲解才能获得对汉语的理性认识。有了理性认识，再通过反复的语言实践，就会逐步地建立起对汉语的语感。所谓理据性讲解就是不仅讲解其然，而且要讲解其所以然，也就是要把蕴含在汉语里的道理告诉学生。不过,要做到这一点就必须有理据性的汉语教材,否则,教师的讲解就缺乏理据性的依据,然而现有的教材多是描写性的,解释性的成分少,这样看来,很有必要对现有教材进行一番理据性的改革。

第2章　汉字的一般性问题

一谈到汉语，人们就会想到方块字，不错，方块字是汉语的一大特色，不仅如此，而且还是汉语的基础。说它是汉语的特色，因其不仅写法特殊，而且读法也特殊，总之，是另外注音的形意文字。近代历史上不少激进的知识分子把中国的落后归罪于汉字，想革汉字的命，有的想废除它，有的想使它成为拼音字，但都没有成功，直到现在也只能做到简化它，给它注音，然后是在简化的基础上归纳和合并，最后才是废除其繁杂和多余的部分，这说明汉语植根于方块字的本性是改变不了的。因此，了解汉语必须首先从了解汉字开始，这在对外汉语教学中尤为重要，本章便是关于汉字问题的一些解答。

2.1　为什么汉语的基本结构单位是方块字，而不是拼音词？

俗话说，事出有因，意思就是说，事情的发生都是有原因的。汉语之所以采用方块字作为结构单位也是有原因的，这个原因总的来说可以归结为汉族人直觉性的思维方式。

追溯古老的过去，汉族人一开始就崇尚"天人合一"的观点。用现代的眼光看，古代所指的天就是大自然，"天人合一"就意味着人和大自然的关系是统一的关系，而不是对立的关系。因为人为大自然所生，大自然绝不会为自己树立一个对立面，就好像母亲生下儿子不是为了对抗自己一样。因此，人和大自然不能对立，而要和谐相处，否则，人就会受到大自然的惩罚，甚至是报复。其实这种观点也来自社会实践，最重要的社会实践当然是生产活动了。汉族一开始就是以农业生产为主的农耕民族，农业生产很大程度上依赖于作为大自然的天，于是对天的观察便成了生存的需要，久而久之，汉族人便形成了直觉性的思维方式。

人们都说语言是思维的反映，这当然没有错。不过，人们也许只看到语言表达思想意识的方面，其实语言和文字也体现着语言者的思维方式。

就说字吧。在"天人合一"的观点指导下，直觉性的思维方式便导致人们用模拟现实中实际形态的方法来造字，这样造出来的字就叫象形字。这样一来，汉字的形成就完全受制于客观了，正因为汉字来自对客观现实的描绘，结果就使得汉字缺乏表音的功能。印欧语的词完全出自人们的主观制定，因为不受客观的约束，自然就可以按人们的意愿而用表音字母拼成。然而字的起码要求是要和意义相对应，因此象形字也就被赋予了模拟对象的形象意义。然而字毕竟要能读出声音来，于是汉字在演化过程中便渐渐地被赋予了音，而且读音还有地区的差别，结果就形成了同字异音的方言，这样看来，汉字的读音实际上是用音表示的名称。

其实，原始文字为象形字的国家不只是中国，但以象形字为基础而继续着文字演化的国家却只有中国，这样一来，象形字不表音便导致了现代汉字也不表音，只表意，读音仍保持着地区的差别。这似乎是一种保守，但保守也有原因，这个原因就是，以汉族为主体的中国人始终用统一论的世界观指导着语言文字的实践，也就是说，方块汉字的发展和演化始终不脱离统一论的轨道，这种保守实际上是原则的坚持。历史上虽有人想革汉字的命，想用拼音字取代方块字，但方块汉字始终不倒，表现了极其顽强的生命力，原因就是有统一论的世界观在背后支撑着。总之，方块汉字可以变形，但绝不会变性，也就是不会被拼音字取代。

2.2 为什么说汉字是形象的载体？

如上所述，汉字都被赋予了形象意义。形象意义单一的字称为单义字。然而语言的丰富内涵不是有限的单义字数所能覆盖得了的，于是人们便使一字多义，这样就能够拓展语言的描述范围。汉字的形象意义正是建构古汉语的基础，比如“君君，臣臣，父父，子子”中，虽然两个字相同，就因为所表达的形象不同而产生了不同的意义。比方说，其中的“君君”二字，第一个“君”表示皇帝的名分，第二个“君”表示皇帝的形态和行为。该句中尽管两个“君”的形象意义不同，但是还属于皇帝的范畴，然而现代的“君”字却可以成为对普通人的尊称。由此可见，汉字的形象意义随着历史的发展而超越了初始的形似范畴，这样一来，象形的意义变得不那么重要了。

因为形象意义不能只限于形似对象，所以形的相似对于形象意义的拓展实际上成了一种束缚，于是汉字便渐渐淡化外表的形似，几经历史的重大改革之后终于形成了现代的简体字。由于取消了形的限制，现代汉字的形象意义较过去大大地拓展了，比如“吃”，偏旁为“口”，初始时期自然是专指与嘴有关的动作，但现在却引申出依靠某种事物来生活的意义，被依靠的事物则用名词表示而接于其后，因而“吃高利贷”、“吃老本”、“吃食堂”、“吃回扣”，乃至于“吃父母”之类的复合词便间或地出现于口语中。此外，人们还将消灭的意义赋予“吃”，于是“吃掉敌人一个团”之类的句子也就成为了合格句。不过“吃”的这些引申的意义仅限于动作的范畴，也就是说，指称对象是由一个动作变为另一个动作，或者说，“吃”可以由一个动词变为另一个动词，如果将其视为词的话。然而有些字的指称对象却可以由动作变为事物，甚至是状态，或者说，由动词变为名词、形容词和副词。比如“死”这个字，作为动词就指称生命消失的瞬间动作，因而可以说“一个老头死了”，甚至可以说“我的心已经死了”；作为名词就指称生命的终结，因而可以说“人都有一死”、“贪生怕死”、“视死如归”；作为形容词就指称没有了活力，固守而呆板，因而可以说“死脑筋”、“死顽固”、“死心眼”；作为副词就指称不可逆转，从而有坚决之意，因而可以说“死战”、“死不认输”、“死不悔改”。由此可见，尽管形的意义已经被淡化，但形象意义不但依旧存在，而且还有新的引申，甚至引申到认知的领域。比如“吃”就在“一锅饭吃三个人”中表示人和饭结合的手段；又比如“烧饼”和“烧火”，两个“烧”就有不同的形象意义，人们正是根据不同的形象意义而把“烧饼”理解为一种用烧烤的方法制作的面饼，把“烧火”理解为用燃烧柴草的办法而使火起。由此可见，人们能自发地根据不同的语境而去理解字的形象意义，而且所理解的形象意义连说话者自己都不知道。值得追究的是，汉字的形象意义自何而来？因为字面上并没有显示任何形象的痕迹。不过仔细分析一下就不难明白，由于汉语的写真性，汉字在人们心目中的形象不是来自汉字本身，而是来自语言者对生活的共同体验，汉字只不过是一个约定俗成的载体符号而已，这样看来，汉字实际上是形象的载体，相对于原始的象形文字，现代汉字也就可以称为形象文字。

从以上的论述中可以看出，单个汉字的形象意义是发散的，两个汉字组合后就会互相抑制，结果就将形象意义确立于狭小的范围，甚至是一点，这就是人们不会由于多义而招致理解混乱的原因。

2.3　为什么说语素是汉字的细化？

从以上论述可以看出，多义性是汉字的固有特点，于是汉字和意义便不是一对一的关系，而是一对多的关系，这样看来，汉字还可以进一步细化。

语言界从国外引进了语素的概念，并定义语素是音义结合体，而字是记录语素的。这样看来，语素不能以形区分，自然也就不能用形来识别，而要靠义来区别，字则能用形识别。既然字用于记录语素，那么，一字多义就意味着一个字可以记录多个语素。显然，语素的作用在于指称字所蕴含的形象，由此可见，语素所表示的意义实际上就是字的形象意义，于是便可以说，一种形象意义只对应一个语素，而一个字可以对应多个语素，于是就可以用编号的字来标注语素，如“吃$_1$”、“吃$_2$”、“吃$_3$”、“吃$_4$”、“死$_1$”、“死$_2$”、“死$_3$”、“死$_4$”。当然词典上不会这样标注，而是注出字的多种释义。因为语素不能以形识别，所以人们就感觉不到它的存在，但是又确实觉得“打工”的“打”不同于“打针”的“打”，“看书”的“看”不同于“看病”的“看”，语言学家则看出了这是潜藏于“打”字和“看”字中的两个不同的语义单元，于是就将其称为语素。由此看来，字的复合实际上是语素的复合，句子也是以语素为单元的组合。因为语素都附着于字，所以就可以用字来归类语素，比如说，“打”字语素、“看”字语素，如此等等，不说这个字有几种意义，而说这个字包含几个语素，这就等于把汉字细化成语素，于是汉语的结构就可以表现为五个递进的层次，即“语素→字→词→词组→句子”。正因为一个字负载着多个语素，所以用单个语素表示的单纯词就远多于字数。尤其语素之间又可以进行横向复合而构成复合词，这样一来，汉语词汇的数量就可以达到几十万，甚至上百万。现在的问题是语素的识别问题，中国人自然能够辨别句子中的语素，然而这种能力是自发的，也是感性的，如果能把这种自发的能力上升为理论，就会对将汉语推向世界具有积极的意义。

2.4 汉字如何影响着汉语的性质？

因为字都指称形象，所以造句实际上是形象的整合，其结果就使汉语能打造与其所描述的实际相似的形象，于是汉语便成了形象化的语言。为了造就与实际相似的形象，整合的规则就是根据语境而选择的自然法则和逻辑规则，而不是人为制定的语法规则。

举例来说，为了摹写现实，汉语的语句首先就要遵循时间顺序原则，即按实际动作的时间顺序来安排词序，使词序和实际动作的时间顺序尽可能一致。比如，表述手段和目的的句子中，表示手段的语词总是摆在前面，表示目的的语词总是摆在后面，因为实际生活中手段总是先于目的，比如“坐车去北京”和“去北京坐车”的意思就由于词序的不同而大不一样，前一句的“坐车”是手段，后一句的“坐车”却成了目的。不过“去看戏”和“看戏去”的意思大体相同，前者把“看戏”作为“去”的目的，后者把“看戏”作为“去”的动机。有时间意义的复合词也如此安排，比如因和果的复合就是如此，实际中总是先有因，然后才有果，于是表述因果的复合词便把表示因的字作为第一成分，把表示果的字作为第二成分，比如“看见”就是一个因果词，它体现着“看”为因，“见”为果的先后顺序。为了肯定和否定的形象化，于是便可以内插“得”和“不”而表述为“看得见”和“看不见”，前者表示因为“看”而得以“见”，后者表示虽然“看”但不能“见”。其实主动宾句的词序也凸显了时间顺序，因为总是先由施事发出动作，然后才为受事所接受。不过时间顺序也不是绝对要遵守的原则，如被动句就为凸显受事的遭遇而将其移至主语的位置。

以上所谈的时间顺序原则只是表现于词序的形象化，其实对汉语的语义理解也必须以形象为根据，而不能拘泥于结构的相似性。比如“下雨”和“下山”虽然都是动名结构，却表现了不同的形象，“雨”是“下”的主体，“山”却是“下”的客体，可以说“下山来”，却不能说“下雨来”，可以说“下着雨”，却不能说“下着山”。

其实，汉语成为形象化的语言也是统一论的必然，因为形象相似的本身就是主观和客观的统一。说到底，主客统一就来自中国人直觉性的思维方式，由此可见，正是直觉性的思维方式决定了汉语必然是形象化的语言。也许有人会问：印欧语也在描述世界，为什么印欧语不能称为形象化的语言呢？不错，描述世界是语言的共同目的，问题在于用什么方法来描述世界。印欧语是按一套客观世界并不存在的形式规则来描述世界，这样建构的语言怎么可能展示客观真实的形象呢？其实古汉语和现代汉语的差别也正是表现在形象化的程度上，古汉语的形象化程度很低，现代汉语的形象化已经到了非常完善的地步。懂得了汉语是形象化的语言之后，就可以用形象分析的方法来解释汉语。形象分析的依据是自然法则和逻辑规则。这些法则和规则的大部分都是常识范围内的知识，而且大多数都是来自生活的体验，因此，形象分析的方法很容易为学习者所领会和掌握。其实近期以来，不少文章也在对汉语进行形象分析，但没有作者能自觉地认为汉语是形象化的语言，这就导致了分析的彻底性大打折扣。形象分析能解释汉语这一事实表明，汉语所应该遵循的是形象原则，而不是语法规则，这样看来，如果说语言都应该有语法的话，那么，汉语的语法就可以称为形象语法。形象语法可以定义为一种把所要描述的实际形象映射于语言的方法。正因为形象语法是造句的方法而不是造句的法规（就好比《孙子兵法》是用兵的方法而非用兵的法规一样），所以形象语法在使用上没有强制性和唯一性，以至于同一种时体可以用多种方法表示，比如“下雨了”、“正在下雨”和“下着蒙蒙细雨”都表现了正在进行体。

总的来看，中国人先用模拟的办法造字，后来又用模拟的办法造句，这说明了中国人在语言行为上的一致性。把西方语言的形式语法套用于汉语实际上是对这种一致性的否定，自然就会遇到不可克服的困难。

2.5 汉字复合与分化的动因是什么？

如上所述，古汉语的基本语义单位是字，如果仍然把字作为现代汉语的基本语义单位，即使完全保留比现代汉字多得多的古汉字也不能满足日益发展的需要。然而创造新字也不是一个可行的办法，尤其是日益发展起来的复合概念更非用一个字所能表达，比如一个字就难以表达有特征的事物，于是字的横向复合便成了创造新语义单位的方法和手段。

其实就语义的表达来说，单个字只能将事物一级分类，比如“人”就是不同于其他事物的一级分类，加上性别和国籍就变成二级分类，如“女人”和“男人”，“中国人”和“美国人”，由此可见，复合会将指称范围变小或变窄。其实复合不限于表性状的字和表事物的字，两个表事物的字，两个表动作的字，以及表动作的字和表事物的字都可以复合，而且复合后的指称范围都变小了、变窄了。

复合后的字组当然不能叫复合字，叫字组似乎也不恰当，于是“词”这个名称便应运而生，复合而成的字组就被称为复合词。因为单个汉字也能够作为语义单位参加造句，所以就把单个汉字称为单纯词。字实行横向复合后反而嫌汉字多了，于是一大批古汉字便被淘汰；有一些汉字只有复合功能而几乎没有单独使用的意义，也就是说，这些字的结合功能很强，但本身的语义几近消失，比如“子、界、观、性、化、机、器、论、识、张”就是这样的字。此外，还有一些汉字的意义被认为已经虚化。淘汰后剩下的汉字虽然不很多，但是功能却很全面，既有复合功能，也能独立使用，独立使用时还承担了被淘汰的汉字字义，同时又要添加由于社会发展而带来的新义，因而这类汉字比过去更加多义化了。这样一来，汉字实际上被重新梳理了一遍，除了被淘汰的外，剩下部分便构成了现代汉字的整体，而且还按有无实义而将其分为实义字和虚义字。正是因为一些字只有复合功能而不能单独作为语义单位，于是字和词便由于功能的差异而不能相提并论。总之，汉字发展到现在已经出现了分化。

2.6 汉语为什么要把一些字虚化?

根据现在观察到的情况,汉语的演化方向不是语法的形式化,而是语义的形象化。从形象化的角度看,汉语把一些字虚化就是为了形象化描述的需要,然而这种需要是客观的,因而可以认为虚化是形象化描述的必然,正是由于存在着客观的必然性,所以虚化过程和虚化方向就不受人的意志影响。于是就可以认为,虚义字的出现是汉字演化的必然结果。

如上所述,现代汉语的形象化已经发展到非常完美的地步了,完美的形象化必须是时空特征、存在特征、运动特征、关系特征,以及人的心理特征也和现实有相似性,也就是说,这些特征也能够实现形象化了。虚义字便是帮助汉语实现这些特征形象化的字,因此,形象化的观点就认为虚义字是有意义的,但不是具体实义,而是形象意义。可想而知,句子不用虚义字只会影响形象,而不会影响基本语义,就因为这个道理,所以很多新闻标题和书名大都省略了由虚义字构成的虚词,但人们不会因此而不知其基本意义。关于这个问题早有学者提出过,但无法解释,现在用形象化的观点来解释,其中的原委才得以说清。

2.7 虚化是语法化吗?

虚义字的存在是客观事实,但看法并不统一,一种较为主流的观点认为,虚化就是语法化,因此,虚义字已经成为只有语法意义的标记。然而这种观点在汉语事实面前却常常自相矛盾,比如说,"了"和"过"应该是不同的标记,而且"他当了兵"和"他当过兵"的确意义不同,前者表示现在还在当兵,后者表示现在不当兵了,然而"他当了三年兵"和"他当过三年兵"却又意义相同,都表示不当兵了,这种又同又不同的现象用标记论就无法解释。又比如,同样是句中有"了"的"孩子吃了饭"和"孩子睡了觉"却表现不出相同的语法意义,前者表示吃饭完了,后者表示睡觉仍在继续。其他的例子不必再举,只此二例就足以说明标记论的解释力非常不强。其实标记论就是中国化的形式语法，所以仍然是形式语法的观点。形式语法的观点实际上就是所谓的印欧语的眼光，这种观点的要害之处就是把虚义字孤立化，其实虚义字入句后的句法意义并不是固定的，而是与搭配词语的语义有关，因而用形式化的观点来看汉语就看不出汉语的真谛。把虚义字看作是语法标记的观点也不利于对外教学，外国学生接受了这种观点之后往往就因此而造出了"我和她结婚过"之类的病句。其实虚义字的使用是很有原则的，标记论恰恰就掩盖了这些原则。

2.8 怎样认识汉语的字和词?

语句作为一个整体结构必须由许多基本结构单位组成，语句的语义也要由基本单位的语义合成，由此可见，构建语言的基本单位有两种：①基本结构单位；②基本语义单位。印欧语的基本结构单位和基本语义单位都是词，古汉语的基本结构单位和基本语义单位都是字，然而现代汉语的基本结构单位是字，基本语义单位却是词。人们通常会说这篇文章有多少字，而不说这篇文章有多少词，但是在理解语言时总是以词为根据，可见把基本单位分为两种的看法是符合人们的语言习惯的。但是汉语的词毕竟由字构成，一个字可以成词(单纯词)，多个字可以复合为一个词(复合词)，可见字和词又不能截然分开，总之，字和词既有联系，又有区别。

虽然词才是构建语句的语义单位，但词在汉语里却是混沌一片，因为汉语不分词书写，所以不能从形式上分清词与词的界限，以至于可以说，汉语的词似乎淹没在等距排列的字列之中。然而尽管如此，汉语的交流依然顺畅自如，说者可以用词的组合来表达自己，听者也可以按词的组合来理解对方，这说明中国人能够自发地把字列转化为词列。比如"今天我休息"，若写成字列就是，"今＋天＋我＋休＋息"，转化成词列则是"今天＋我＋休息"，词列才有指示意义，才能被人理解。又比如"我的业余爱好是打球"，写成词列是"我的＋业余＋爱好＋是＋打球"，当然，"业余"、"爱好"、"是"都可以在词典中查到，然而"我的"和"打球"却是在句中才会出现的句法词，不会被词典收录，自然也就查不到了，不过人们还是能够将“我”和“的”、“打”和“球”合并为词，这种能力正是来自统一论的思维方式，因为“我”和“的”以及“打”和“球”相互依存而有统一性。由此可见，在对外教学中给外国学生讲讲统一论的思维方式很有必要。

由于同音字的大量存在，致使汉字缺乏音义的对应性，然而汉字却有形义的对应性。由此而产生的后果是汉语的词也没有音义的对应性，但却有形义的对应性，比如“观察”就不能写成“官查”。由此可见，尽管词才是语句的成分，但汉语的词仍然以汉字为依据，或者本身就是一个汉字，或者是多个汉字的复合。至于助词和介词，其词义本身就是虚化了的字义。由此可见，字才是汉语的根本。

2.9　如何理解以字为中心的汉语研究？

我国传统的汉语研究是以字为中心而展开，直到《马氏文通》问世，才开启了以语法为中心的汉语研究。现在看来，汉语的研究以字为中心是有道理的，因为汉语的语句就是以字为核心的语义关系的表达。古汉语的一切意义来源于字的道理自不必说了，就是现代汉语也是把字作为基本的语义载体。为了应付日益发展的需要，有限的汉字不得不将字义引申，于是现代汉字较之古代更加多义化了，而且有些字还引出了抽象的意义而成为了虚义字。令人惊讶的是，对于字义的引申人们并不感到不能接受，反而能够按照引申了的字义去理解汉语和实现语言交流。如果时间能够倒流，古代人也是会看不懂现代汉语的，因为现代汉字的字义已非古义可比，这说明对汉语的理解仍然要以字为基本依据，光凭结构形式是不行的，因为汉语的句法结构和句法意义并不完全对应，举个例子来说，“下了雨”和“当了兵”的结构完全相同，但句法意义却不一样，“下了雨”表示下雨完了，“当了兵”却表示还在当兵。当然，这种句法意义的差别人们都能感觉到，只是说不出道理，但肯定是由于“下雨”和“当兵”的形象意义不同而产生的。从这里可以看出，虽然“下”和“当”都属于动词，但句法意义并不一样。再举个例子来说，目不识丁的老太婆也知道“救人”是不让人死亡，“救火”却是要把火扑灭，你问她道理，她绝对说不出来，然而她对“救火”能够正确理解又说明她在感性上是懂得这个道理的，作为语言的研究者当然要把这个道理找出来，也就是要讲出“救火”就是将火扑灭的道理。然而要讲出这个道理，关键还是要正确理解“救”的意义。其实，不以字为中心也很难对句子做出正确的解释，比如在主动宾句中，动词的句法意义就会因为构成该动词的字不同而不一样。更令人称奇的是，即使同样一个字，也会由于主宾词序的变动而表现出不同的句法意义。比如“三个人吃了一锅饭”可以说成“三个人把一锅饭吃了”，然而“一锅饭吃了三个人”却不能说成“一锅饭把三个人吃了”，这种差别就是由于主宾对调之后“吃”在意义上发生了异化。又比如“一批新工人进了我厂”和“我厂进了一批新工人”这两句都有一个“进”字，但不能作同样的理解，前一个“进”应当理解为“加入”，后一个“进”应当理解为“接纳”。为了解释以上这些差别，就必须考察“吃”和“进”的句法意义如何受主宾词序的影响。如果把字义和语素一一对应，那么，对字义的正确理解就等于是对该字所包含的语素的正确选择。以字为中心的目的正是为了正确选择语素，否则，对整体就不可能做出正确的解释。这也说明了一个道理，那就是，离开了句子和具体的语境，字的意义也变得不确定，这就是汉语研究中的整体观。

如上所述，汉语的结构表现为“语素→字→词→词组→句子”五个递进的层次，从这里可以看出，由无形的语素到有形的词，必须通过字而实现，由此可见字的中心枢纽地位了。现在的汉语研究因为以语法为中心，所以就轻视字义的研究，特别是虚义字的字义研究，以至于当前的主流语法都把虚义字（也就是所谓的虚词）当作只有语法意义而无词汇意义的标记，正因为如此，所以就认为对虚义字只能描写，不能解释。然而从形象化的角度来看虚义字，就会认为它们是有意义的，但这个意义却是原有实义的虚化。所谓虚化，或是原来实义的抽象化，或是原来实义的范畴化，因此，形象化的观点认为虚义字的意义及其所产生的语言现象都是可以解释的。为什么长期以来人们看不到虚义字的意义呢？原来虚义字的意义是用形象展示，而不是靠词汇意义表示的，展示的结果就会使人产生感应，语感便是这样形成，从形式语法的角度自然看不到这一点，因为汉语本来就不是形式语言。其实语感就是对形象意义的感知，如果没有这种感知，对虚义字的描写也不可能进行，由此可见，对虚义字能进行描写的本身就说明虚义字是有意义的。

以字为中心就意味着研究必须深入到字的层面，这对于汉语来说实际上是解剖式的微观研究,相比之下,以语法为中心的研究则是宏观研究,微观研究自然比宏观研究深刻。其实形象分析就是以字为中心的微观研究。

2.10 为什么进行句法分析时要以词为根据?

由于复合词的出现,字和词便成为了两个不能等同的概念。如上所述,字是汉语的结构单位,词才是现代汉语的语义单位,语言的目的是要表达语义,可见词才有语用意义。因此,字必须以词(单纯词)的名义才能参加造句。

其实词是形式语法的概念。汉语发展到现在也出现了形式固定的各种句式,而且句位分明,于是也就从形式语法中引进了词这个概念来说明句子的语义结构。从语用的角度也可以把词当作语用单位,也就是说,语言里可以自由运用的最小单位是词,而不是字,因为词才能够表达一个独立的语义概念。当然,如果不出现复合词,像古汉语那样,自然就不需要词这个概念了,由此可见,词的引用确实适应了现代汉语的需要。以字为中心和以词为根据似乎有矛盾,其实是不矛盾的。何况单纯词本身就是一个字,就是复合词也要以字为中心才能正确理解,如果有人把“观察”写成“官查”,别人肯定看不懂。尤其是语句中出现的句法词,更是以字为中心的按统一论原则的临时复合。

现代汉语的词可以分为实词和虚词两大类,若论其句法作用,可以这样说,实词的共性表现得很明显,虚词则是个性表现得比较突出,因此在进行句法分析时就必须分别对待,解答问题时也要分别进行。

第3章 实词的一般性问题

语言界从国外引进了词的概念，这是洋为中用的体现。然而词仅仅是作为语用上的概念而已，至于在词的属性和分类上，汉语的词却有着和西方语言的词不同的特点，不注意这些特点就会导致汉语解释上的混乱，从而影响汉语的教学。下面的解答便着重于汉语实词的特点，也就是解释汉语的实词有些什么特点，以及为什么有这些特点。

3.1 汉语实词的词性是如何表现的?

古人造字是为了表达形象，自然不涉及词性，现代汉字不仅没有改变初衷，而且使形象更加多元化了。形象可以从不同的角度去理解，当字进入句子之后，对所表形象也就定了位。其实，字作为单纯词本来就在名词、动词、形容词、副词之间徘徊，造句就是将字锁定于其中之一，也就是说，词性是按语用的需要来定，比如说，同样一个“上”，既可作名词（如“上有老”、“天天向上”），又可作形容词（如“上半夜”、“上策”），还可作动词（如“上山”、“上菜”），由此看来，首先就将词性确定反而是对句法功能的限制。比如“打”这个词，应该说是一个典型的动词，词典中只说“打”还可以作量词和介词用，没有说还可以作名词用，然而“打不是解决问题的办法，双方还是要坐下来谈”这样的句子却经常出现于口语中，显然此句中的“打”被看作是指称一种手段的名词了，当然，大多数的情况下还是将“打”作为动词入句。总之，实词进入句中之后才能对其词性做出判断。

其实词性的固定正是形式语法的特点，汉语没有形式语法，自然就没有这个特点，于是便形成了这样的鲜明对比：西方语言的语义单位是按词性定句位，汉语的语义单位是按句位定词性。《现代汉语词典》也标注词性，只能说这是在句子中最可能表现出来的词性，实际运用时切不可拘泥于此，这是在教学中需要向学生说明的。

3.2　汉语的动词也可以对立地分为及物动词和不及物动词吗？

及物动词和不及物动词在英语里表现了严格的句法对立，即及物动词可以带宾语，不及物动词不可以带宾语，然而汉语的动词不管是及物的还是不及物的，都可以带宾语。比如，作为及物动词的“打”能带受事宾语，作为不及物动词的“坐”虽不能带受事宾语，但却能带时间宾语，而且也能带表示客体的宾语，如“他坐凳子”、“我坐沙发”，尤其是能够带表示动作主体的宾语，如“这辆客车只允许坐三十个人”。其实，作为及物动词的“吃”也可以带施事宾语，如“一锅饭吃了三个人”，由此可见，及物动词和不及物动词在汉语里不会引起句法上的对立，因而这种分法不符合汉语的事实。

如果从哲学的角度来理解，不及物动词的观点正是盛行于欧洲的机械论的产物。机械论的特点就是认识的孤立化和片面性，于是就把自动动作看作是事物的自我表现而不和其他事物发生关系。统一论的观点则认为即使是自动动作也会涉及另外的事物，因为自动动作也是为另外的某个事物而发生。举例来说吧，如果作为施动动作的“吃”是为了“饭”而发生，那么，作为自动动作的“走”就是为“路”而发生，因此“吃饭”和“走路”便都成为合乎汉语逻辑的表述。“吃饭”和“走路”似乎还不难理解，因为的确是实际形象的写照，然而“吃食堂”、“吃父母”和“走亲戚”这样的词就令人难以捉摸了，若不是已成为群众的习惯语，这三个词肯定会被语言学家认为不能成立，既然已成习惯语，于是只好牵强地说“吃食堂”表示在食堂吃饭，然而“吃父母”就不能如此解释了，其实“吃食堂”表现了

"吃"对食堂的依赖,"吃父母"也表现了"吃"对父母的依赖,所以也是一种统一关系。至于"走亲戚",则是动作和目的的统一。总之,及物动词和不及物动词的概念在汉语里乱了套,如果继续沿用此概念,很多汉语事实就不能理解,如"一锅饭吃三个人"。其实及物动词和不及物动词正是形式语法对动词的分类,因为汉语不是按形式语法而构建的语言,这样的动词分类自然就不适应于汉语。

3.3 为什么汉语的动词有动态动词和静态动词之分?

物理学中的动、静概念是相对空间而言,空间位置有变化才称为动,没有变化则称为静。语言学中的动、静概念则是相对时间而言,在时间的持续中能变化自身空间特征的动作为动态动作,反之则为静态动作。

在现实生活中,有些动作是能够随着时间的推移而自动终止的,比如吃饭和建桥,饭吃饱了就不吃了,桥建成了就不建了;又比如下雨和看戏,不管雨下多久,总有完的时候,雨下完了就不下了;戏更是最多三个小时就要结束,戏结束了也就不看了。由此可见,"吃"、"建"、"下"、"看"都表现了能自动终止的动态特性,于是就可以把这些动词称为动态动词。然而有些动作不会自动终止,比如睡觉,从表面上看,似乎睡觉也能自动终止,其实,睡觉的终止或因为内部的干预,或因为外部的干扰。又比如停车,如果不是人的启动,车就会永远停下去。这样看来,"睡"和"停"就表现了不会自动终止的静态特性,于是就可以把表现有静态特性的动词称为静态动词。表示状态的动词也是静态动词,因为状态一旦形成就不会自动消失,除非受到外界的干扰。

动作虽然依存于事物,但却可以通过空间的形而表现出来,能通过空间的形而表现就说明动作具有空间特征。从以上所述可以看到,动态动作的空间特征会随着时间的持续而消失;静态动作的空间特征不会随着时间的持续而变化。由此看来,动态动作和静态动作表现了空间特性的对立。正是由于这种对立,从而引发了动态动词和静态动词在句法意义上的对立,那就是,动态动词加"了"表示动作终止,比如"(桥)建了"就表示"建"的终止,"(饭)吃了"也表示"吃"的终止;静态动词加"了"则表示动作持续,比如"(孩子)睡了"就表示"睡"的持续,

“(汽车)停了”也表示“停”的持续。此外,动态动词的“着”字句和“了”字句不同义,比如“吃着苹果”和“吃了苹果”就不同义,前者表示苹果继续在吃,后者表示苹果吃完了;静态动词的“着”字句和“了”字句同义,比如“开着窗户睡觉”和“开了窗户睡觉”的意思基本相同,两者都表示睡觉时窗户都处于“开”的状态。既然动态动词和静态动词能表现出明显的对立性,就说明汉语的动词确实可以分为动态和静态两种。

3.4 为什么汉语的动词还有无界动词和有界动词之分?

界性和持续性很容易被混同,其实是两个不同的概念。持续性是相对于时间而言,因此也就受时间的制约,于是在表述中便可以用时间词将其限定,比如“坐了两个小时”就表示只坐两个小时,两个小时以后就不坐了。同时还可以用“过”表示过去的动作,比如“我吃过这种菜”。然而却不能说“他知道了两个小时”、“认识了两个小时”,也不能说“他知道过这件事”、“他明白过一个道理”,原因就在于人的认知不会受时空的影响,不能说现在知道,过一段时间就会变成不知道(失去记忆而变成不知道则是另外的问题),于是,表示不受时空影响的动作便称为无界动作,表示无界动作的动词当然也就称为无界动词,与无界动词对立的就是有界动词。汉语动词的绝大多数都是有界的,只有表示认知和领悟的动词(如“认识”、“知道”、“明白”、“清楚”、“懂”、“记住”、“觉悟”、“醒悟”、“觉得”、“发现”、“认为”、“以为”之类)才是无界动词。显然,无界动词是不能带时量宾语的,而且也不能加“过”。

3.5 为什么要区分作用动词和非作用动词?

动作都会涉及事物,但不是都能支配事物,比如“走”就能涉及“路”,但却不能支配“路”,“走路”虽然能说,但“走了路”不能表示“路”的变化。然而“吃”却能支配“饭”,因为“吃”能把“饭”消灭,因此“吃了饭”便表示“饭”完了。中国人认为,动作之所以能支配事物,就是由于该动作对事物施加了作用的缘故,动作本身则可以看成是作用的手段或方式,比如"打"和"拆"都构成对事物的作用,但却是两种不同的作用方式,于是便把能支配事物的动作称为有作用意义的动作,把不能支配事物的动作称为无作用意义的动作,而将表示这两种动作的动词分别称为作用动词和非作用动词。

之所以要把作用动词和非作用动词区别开来,是因为二者表现了句法的对立,最明显的对立就是作用动词可以作为主体动词(表示主语所指事物的动作)进入"把"字句,而不需要表示变化的补语协助,比如"我把饭吃了"和"张三把李四打了"都可以说。非作用动词不能单独进入"把"字句,除非有表示变化的补语协助,因此,"我把路走了"和"我把椅子坐了"都不能成立,因为"走"和"坐"都是非作用动词,只有加入表示变化的补语"错"和"垮"的"我把路走错了"和"我把椅子坐垮了"才能成立。正是由于作用动词能独立地进入"把"字句而非作用动词不能,所以就有必要提出作用动词的概念。语法界没有作用动词的说法,只是用动作性的强弱来区别动词,所谓动作性强的动词其实就是作用动词。动作性的强与弱是一个极其模糊的概念,作用动词则有一个客观的标准,那就是对事物有支配性,可见提出作用动词的概念是合理的。

3.6 动词重叠的语用意义是什么?

人们在口语的交流中经常用动词的重叠来表达自己的情感,可见动词重叠确实有其独特的语用意义。《现代汉语八百词》把动词重叠的语用意义解释为构成短时态或尝试态。这种解释也确实符合人们的语感,但这种解释还是有一定的针对性,因而缺乏普遍性。

总的来说,动词重叠表示一个有界的动作过程,所谓有界就是有始有终,也就等于是第一个动词表示动作的开始,第二个动词表示动作的终结。有始有终的动作过程当然是封闭的,封闭的意思就是动作不会随着时间而持续。因为"了"表示时间,将"了"接在重叠动词之后就表示动作会随着时间而持续,这就违反了以上所说的封闭的道理,所以重叠动词后面不能接"了"。比如"他看看了手表”就不能成为正确的表述，然而却可以将“了”介于两个动词之间，表示动作经过了短暂的时间(句中“了”表示有限的时间过程)后不再持续了，于是“他看了看手表”便能成为正确的表述。其实，动作过程的有界性也可用“把”字句来验证，例如：

(1) a.*请你把事情的经过谈。 b.请你把事情的经过谈一下。 c.请你把事情的经过谈谈。

(2) a.*把窗子的玻璃擦。 b.把窗子的玻璃擦一下。 c.把窗子的玻璃擦擦。

“把”字句的补语都必须表示有界，“一下”便是界化补语。以上两个a句都不能成立，两个b句和两个c句都能够成立，这就足以说明一个动词不能表示有界，两个动词重叠才能够表示有界。

有界过程可长可短，至于长短的判断就必须参照语境，比如，看手表的过程肯定不会太长，下棋的过程肯定不会太短，因此“看看手表”和“下下棋”的动作过程就不会是同样长，这样看来，把动词的重叠一律看成表示短时态就缺乏一般性。

人们认为动词重叠后能表示尝试的意思和委婉的语气，这两种意义是怎么产生的呢？面对毫无汉语语感的外国学生，讲清楚其所以有此意义的道理确实很有必要。

首先要说明的是，委婉的语气也正是来自于过程的有界性，为了说明这一点，可以把下面两个句子进行对比：

(3)退休之后，我的文化生活就是下棋，打太极拳，再就是星期天邀几个戏友唱京戏。

(4)退休之后，我的文化生活就是下下棋，打打太极拳，再就是星期天邀几个戏友唱唱京戏。

上面两句都表述了“下棋”、“打太极拳”和“唱京戏”三种行为，所不同的是，句(3)所表述的行为中动词不重叠，句(4)所表述的行为中动词重叠。因为动词重叠能够表示动作有界，于是句(4)便有这样的寓意，即无论是下棋，还是打太极拳，或是唱京戏，都不会搞得太久，都会适可而止，该句的委婉语气便是由此而来。然而句(3)就没有这些意思，也许下棋就会下一整天，打太极拳会打一个早上，唱京戏也会唱一个星期天，这就不是清闲的生活了。

动作的有界性自然会导致动作的多发性和经常性，于是就可以用重叠来描述多发的动作和经常性的动作，例如：

(5)她们一路上说说笑笑，走走停停，直到天黑才到达目的地。

(6)妹妹整天哭哭啼啼，两个弟弟又经常打打闹闹，我简直无法在家学习。

(7)看看电视，听听音乐，倒也清闲自在。

句(5)表现了“说”、“笑”、“走”和“停”四个动作在路上的多次发生，句(6)则表现了“哭”、“啼”、“打”和“闹”四个动作频繁发生，句(7)也表现了看电视和听音乐的经常性。其实多发性和经常性并不仅仅是由于过程有界，事实上，用“一会儿”接在动词之后也可以使动作有界，比如，“看一会儿电视，听一会儿音乐，倒也清闲自在”，然而这一句不能说明看电视和听音乐是经常的行为，由此可见，表现动作和行为的多发性和经常性也是动词重叠的一个特殊的功能。

一般都认为由于重叠而构成有界过程的动词都是持续动词，这样看来，似乎瞬间动词就不能重叠了，其实不然，比如下面三句就可以说：

(8)吓吓她，看她还老不老实。

(9)杀杀她的威风。

(10)你们都跳不过去，我跳跳看。

“吓”、“杀”和“跳”都是瞬间动词，显然，瞬间动作是没有持续过程的，可见其重叠绝对不是为了使动作有界，而是要表示尝试，事实上以上三句都表现了试探之意。试探必须是动作反复而多次进行，这样看来，将瞬间动词重叠，便象征着反复而多次的动作，从而就产生了尝试或试探之意。由此可见，对动词重叠的理解必须结合上下文所造成的语境，绝不能一概而论，比如“工作之余看看书，打打球”和“这件事看看再说”中的两个“看看”就不能一样地理解，前者表示“看”的时间不太长，后者表示“看”是作为手段试探一下。

表达感情的动词重叠后更能使感情的表达深化，比如“我求求你”就比“我求你”更显恳求之情。当孩子生命垂危时，孩子的家长总是向医生恳求：“大夫，请你救救我的孩子吧！”可以看出，重叠的“救救”比单一的“救”更显期盼之情。客人来了，热情的主人便会说“欢迎欢迎！”对外国元首的访问，群众的欢呼用语也总是“欢迎欢迎！热烈欢迎！”人们都知道，两个“欢迎”连用比一个“欢迎”单用更显热情。人们总是用“佩服佩服”来表示对某人的敬佩之意，这也说明两个“佩服”连用比一个“佩服”单用更显敬佩之意。

3.7 如何认识汉语的动词观？

其实以上论述涉及汉语的动词观，这种动词观认为，两个事物之间的各种关系就是通过动作而产生，因此，就把动词视为实现关系的手段或方式。其实两个动词的叠合也可以如此看待，比如“走去”和“跑去”都是离开说话人所在地的运动，但“去”的方式不同，前者的方式为“走”，后者的方式为“跑”。西方语言的动词只表示动作，从不认为是表示方式和手段，可见中西语言的动词观有非常大的差别。既然汉语的动词可以被看作是表示方式或手段，当然就不会有及物动词和不及物动词之分了。其实这种动词观亦是来自统一论的世界观，因为统一论特别强调事物之间的关系，认为正是这些由于动作而产生的关系把句子连成一个整体。于是统一论就指导着人们抛弃认识的孤立化和片面性，主张结合上下文来辩证地看待动词的句法功能及其意义。

形式语法中的动词总是表示动作，因此，从形式语法的角度就会把汉语的“主动宾”也等同于英语的“SVO”，这当然就解释不了汉语的事实。

3.8 如何理解动词介于主宾之间的句法意义？

孤立的动词自然是表示动作和状态，但一旦进入句子就会在句中表现出句法意义，不过，动词的句法意义和其在句中的位置有关。总的来看，动词介入主语和宾语之间后就会表现出四种句法意义，即作用意义、结合意义、关联意义和联系意义。

3.8.1 作用意义

“张三打了李四”表示张三将“打”的动作施加于李四。人们都会认为，“打”

使李四受到了伤害,其实是"打"的作用才导致李四受伤,因为别的动作如"踢"、"撞"也可以使李四受伤,可见"打"只不过是施加作用的一种手段,也就是用"打"的手段,使作用传到李四,从而使李四受到伤害。这里先提示一下:汉语用"把"表示作用,因此就可以将其变为"把"字句"张三把李四打了"。

3.8.2 结合意义

人吃饭可以看作是人和饭的结合,"吃"便是结合的手段,但结合的双方必须有具体的量,否则就没有对应性,因此,三个人和一锅饭结合既可以表述为"三个人吃了一锅饭",也可以表述为"一锅饭吃了三个人"。由此可见,表示主宾结合的句子可以主宾对调而语义不变。能主宾对调而语义不变的句子就叫可逆句,其实,结合是没有方向的,而且结合的双方地位平等,自然就能够使句子可逆了。然而作用是有方向的,而且作用方的地位和受作用方的地位不一样,所以表示作用的句子不可逆。也正是因为"吃"在"一锅饭吃了三个人"中表现为结合的手段,所以就不能将其变为"把"字句"一锅饭把三个人吃了"。这样看来,"三个人吃了一锅饭"中的"吃"既表现了作用意义,也表现了结合意义。像"看"、"听"、"借"之类表示摄入或索取的动词都可以作为结合的手段,因此都可以使句子可逆,例如:

(11)a.三个人看了我的初稿。　　b.我的初稿看了三个人。

(12)a.5 000人听一场交响乐。　　b.一场交响乐听5 000人。

(13)a.已经有10个人借过这本新书。　　b.这本新书已经借过10个人。

3.8.3 关联意义

关联的意思是表示隔距离关涉对方,但是又不支配对方。比如"我很了解他"的"了解"和"我观察了他好几天"的"观察"都是表示关联的动词,汉语用"对"引介关联对象,因此,该二句便可以变为"对"字句"我对他很了解"和"我对他观察了好几天"。正因为"了解"和"观察"不是作用动词,所以该二句不能变为"把"字句"我把他很了解"和"我把他观察了好几天"。然而"我很了解他"和"他很了解我"以及"我观察了他好几天"和"他观察了我好几天"的意思大不一样,可见表示关联意义的句子也不能主宾对调。其实关联和作用一样,也具有单向性,自然就不能使句子可逆。

3.8.4 联系意义

事物之间的联系意义往往也是通过动作而实现。不过，产生联系意义的动作只可能是静态动作，因为静态动作才能保持联系长久不变，而动作本身则成为联系的手段。比如说，作为静态动作的"住"就可以作为联系的手段而把人和房子联系起来，但联系的双方也必须确指，否则，联系就会因缺乏明确性而不能实现，于是，一间房和三个人的联系既可以表述为"一间房住了三个人"，也可以表述为"三个人住了一间房"。由此可见，表示联系的句子也可以主宾对调而语义不变，也就是具有可逆性。也因为"住"不是作用动词，所以该句也不能变为"把"字句"三个人把一间房住了"，其他如"坐"、"骑"、"睡"等静态动词也都有表示联系的句法意义。例如：

(14) a.一辆车坐四个人。　　b.四个人坐一辆车。

(15) a.一匹马骑两个人。　　b.两个人骑一匹马。

(16) a.一张床睡两个人。　　b.两个人睡一张床。

其实运动动词有时也会表现出联系的意义，比如"人走斑马线"和"斑马线走人"，"摩托车跑快车道"和"快车道跑摩托车"也都可以说。由此可见，表示联系的句子也有可逆性。和结合一样，联系的双方也是地位相等，因此可逆性的存在也是必然的。

从以上的分析看来，汉语的动词既表示动作，又表示实施句法功能的手段，这就是汉语动词的二重性，看不到这一点就会使对语言现象的分析和解释陷入困境。形式语法之所以不能完满地解释汉语，也就在于形式语法只看到了动词表示动作的一面。

3.9 为什么汉语表示定指的事物时都要用量词？

定指的事物都是具体的，具体的事物当然是有量的，汉语既然是用模拟的方法描述世界，自然就要表示事物的空间量。

量词实际上是表示计量单位。如"一瓶酒"、"二两盐"、"三个人"、"四本书"、

“五张纸”、“六支笔”，其中的“瓶”、“两”、“个”、“本”、“张”、“支”分别是酒、盐、人、书、纸、笔的计量单位。如果不加进计量单位的表述，“三人”还勉强说得过去，“一酒”、“二盐”、“四书”、“五纸”、“六笔”就说不通了。古代书面汉语就不大讲究计量单位的表述，比如“见三女座谈于斯”，若译成现代话，“个”字是少不得的，否则，“看见三女子坐在这里谈话”就显得不大通顺，“看见三个女子坐在这里谈话”才显得通顺。又比如“二虎相斗，必有一伤”，译成白话文时也必须加入虎的计量单位“只”：“两只老虎相互争斗，必定有一只受伤”。印欧语不大讲究量的表述，因此用量词不多。比如英语可以说“a man”、“a book”、“a desk”，如果译成汉语，就不能说“一人”、“一书”、“一桌子”，而应当说“一个人”、“一本书”、“一张桌子”，由此可见现代汉语特别重视计量单位的表达。

量词应用的多样化和普遍化也是现代汉语的一大特色，然而外国语言却很少关注量的概念，因此，量词的选用也就成为了对外汉语教学中的难点。人们希望用合并的办法来削减量词的数量，事实上汉字的简化中已经这样做了，但也只能做到同音合并，而不能异形合并，比如也想用“只”来表示马的计量，但做不到，人们不能接受“一只马”，只能接受“一匹马”，可见量词的使用还涉及一个语言习惯的问题。（关于量词的选用可参考《现代汉语八百词》）

3.10 如何理解量词的中心地位？

从语法上看，数量词是物种名词的修饰语，比如“一个人”、“一本书”、“一张桌子”中的“一个”、“一本”和“一张”就分别是“人”、“书”和“桌子”的修饰语。然而从认知的角度看，量词是表示单位空间量的词，它才是计数词组的中心词，正因为量词是词组的中心词，所以量词是不能省略的必要成分，而后面的名词倒有时可以省略。事实上口语中就经常出现“你们两个给我滚出去”、“给我三只好吗”、“再来一盘”、“给我来一碗”、“任取一种”之类省去名词的话。只要语义上明白，不造成误会，量词后面的名词都可以省略，由此可见量词在汉语中的重要性。因为量词表示单位空间量，于是汉语便将它与事物的空间特性和空间属性联系起来，由于空间特性和空间属性的繁多，于是就引来了繁多的量词。

3.11 量词的重叠有什么语用意义？

有人说量词重叠表示多数的意思，其实是表示全体或整个的意思，比如“她的儿子个个都很聪明”，“都”本来就表示总括和全部，可见“个个”便能够引申出全部的意思。事实上如果将“个个”代之以“全部”的表述“她的儿子全部都很聪明”和原句意思差不多。若将“个个”代之以“多数”的表述“她的儿子多数都很聪明”则和原句的意思不同。又比如“他一共学了五门功课，门门都得优秀”也是表示全部功课都优秀。有时候在重叠量词之前加“一”，如“一只只雏鸟陆续破壳而出”，事实是，“一只只”有时间意义，表示顺序地从个体延续到整体。由此可见，量词的重叠有整体之意无疑。

“个”、“只”和“门”都表示量的单位，单位量的重叠之所以能成为整个或全体的概念，与中国人的认知方法有关。中国人认为：一个大的统一体是由许多基本的统一体组成，最基本的统一体是由两个个体组成，因此，“个个”、“只只”、“门门”，以及“朵朵”、“件件”等都表示基本的统一体，然而没有数值的量单位是不定指的，比如说“这里的人个个都很勇敢”，意思就是，这里的人们之中任意两个都很勇敢，也就是说，这里的人作为一个统一体是由许多勇敢的基本统一体组合而成，于是这个大的统一体必然也是勇敢的。

3.12 为什么物量必须表示在宾语之前，如“张三吃了两碗饭”，而动量必须表示在宾语之后，如“张三打了李四两拳”？

道理是这样的：吃饭过程既是“吃”的动作过程，也是饭的消耗过程，两个过程严格对应，都表现为同一个时间过程。汉语用“了”表示时间过程，于是“吃了两碗”便表示“吃”的时间过程对应着“两碗”的消耗量，其后再用“饭”来说明具此消耗量的事物，结果的表述就成了“吃了两碗饭”。动量就是动作的量。动作过程中，受事一直在接受动作，只有等受事接受动作完了之后才能计数动量，正因为如此，所以动量必须表示在宾语之后，在所给例句中，“两拳”作为动量接在“李四”之后便是这个缘故。与此相似，“我看了她两眼”，“我骂了她几句”和“孩子叫了妈妈两声”都是动量后置的表述。后面这一句听得更多的是“孩子叫了两声妈妈”这样的表述，该句中作为动量的“两声”似乎前移了，不过“妈妈”本身就是一种称谓，“两声”就是称谓的有声化，而“妈妈”则表示“两声”的内容，可见“两声”和“妈妈”有同一性，这和“吃了两碗饭”中“饭”表示“两碗”的内容有相似之处。如果用“她”取代“妈妈”，则“叫了两声她”就不能说了，因为“她”不是称谓，可以肯定“两声”的内容绝不是“她”，可能是她的名字，或者是以姓表示的称号，比如说“小张”。如果用“小张”取代“她”，则“叫了两声小张”就可以说了，可见宾语所指和量（不管是物量还是动量）的同一性是一个关键。正因为“小张”和“两声”有同一性，所以“叫了两声小张”和“叫了小张两声”都可以说，而且意思相同。应该说以上的分析都是基于形象化的分析，从形式语法的角度是看不出其中的道理的。

3.13 为什么“他去了三次美国”和“他去了美国三次”都可以说？

“他去了三次美国”中的“三次”是“去”这个趋向运动的次数，于是该句就可以将“美国”前移至句首而成为“美国他去了三次”。“他去了美国三次”中的“三次”是去美国的次数，可见区别只是计数的参照点不同。如果“去”的次数明确，但目的地不具体区分，就可以说“他总共去了五次美国和英国”，也可以说“美国和英国加起来他总共去了五次”；如果区分目的地，就可以说“他分别去了美国三次和英国两次”。

3.14 复合词的构词根据是什么？

现代汉字的一个显著的特点就是复合力强，不但能相互合成永久性的复合词，也能合成暂时性的复合词。前者结合牢固，能成为不可分离的复合词而被词典收录。后者结合不牢，只存在于句子之中，于是就成为可分离的复合词而不被词典收录。

复合词不限于两个字的复合，也可以是两个字以上的多字复合。三字复合词往往是一个字和一个二字复合词的复合，比如“机动车”就是“机动”和“车”的复合，四字复合词则是两个二字复合词的再次复合，比如“高速列车”就是“高速”和“列车”的再次复合。这样的复合非常合乎合二为一的统一法则，可见复合词也是受着统一论的指导。由统一而产生新事物是我们这个星球上普遍适用的规律。比如，在生物界，精子和卵子结合就产生新的生命体；在化学上两种元素化合而得到新物质的例子更是比比皆是。其实，一座桥、一栋楼房也都是由各种建材逐次统一而形成的。由此，汉语利用统一的原理构建新词也就不足为怪了。

复合词虽然是两个不同字的复合，但复合是有条件的，也就是说，并不是任意两个不同的字都可以复合，比如，“观”和“望”可以复合成“观望”，但“观”和“盼”就不能复合成“观盼”。可以想见，能不能复合必定是取决于两个字的字义之间有没有亲和力，有亲和力的两个字才能复合，没有亲和力的两个字就不能复合，这个亲和力便是复合的条件。汉字的这种现象和化学元素的化合现象可以比上一比，那就是，并不是所有元素都可以互相化合，有亲和力的两种元素才能化合，没有亲和力的两种元素就不能化合。三字复合词和四字复合词的复合也分别归因于词与字以及词与词之间的亲和力。至于外来音译词如“基因”、“瓦斯”、“引擎”则不能算作复合词。

从哲学的角度看，所谓的亲和力其实就是统一性。统一性的甄别方法是：不同的两个方面如果相互依存，就视为有统一性。比如说，动作和进行动作的事物就相互依存于一体，因此“下”和“雨”就可以复合为“下雨”，因为“下”是“雨”的动作。施加的动作和接受动作的受事也是相互依存着的两个方面，比如“吃饭”，如果没有饭，“吃”的动作就不可能出现，如果没有“吃”的动作，饭也不会进入人体，因而“吃”和“饭”也可以复合为“吃饭”。此外，原因和结果，手段和目的，动作和效果，动作和动因，特征（性别的、技术的、用途的、职业的、籍贯的等）和具有该特征的事物也都有统一性。这样看来，汉语中的动宾关系实际上是统一关系。施受关系只是统一关系的一种，而印欧语中的动宾关系只指称施受关系。由这一点也可以看出，解说汉语绝不能套用印欧语的语法观点。

3.15 什么是句法词？

句法词是语言者为了表述的需要而进行的临时复合，复合的根据则是统一性法则，比如：“下雨”和“刮风”是运动和运动主体的统一；“看戏”和“打球”是动作和受事的统一；“跑关系”和“走亲戚”是动作和动因的统一；“升起”和“降下”是动作和效果的统一；“死人”和“活人”是状态和处于该状态中的人的统一；“红花”和“白马”是颜色和具此颜色的事物的统一；“中国人”和“美国人”是国籍和人的统一；“北京人”和“上海人”是籍贯和人的统一；“观察员”和“运动员”是职业和人员的统一；“装修工人”和“电焊工人”是工种和工人的统一；“电视机”和“洗衣机”是用途和本机的统一。

在指称事物的复合词中，统一关系往往被理解为说明和被说明的关系。从字面上看，这样的理解似乎有道理，但认识的高度不够。统一论认为事物都有虚实两个方面，比如说，色彩总是通过实体来表现，没有单独存在的色彩。盲人可以感触到事物的存在，但是说不出事物的色彩；面对一个陌生人，如果不通过介绍，就不知道该人的职业，由此可见，状态、色彩、国籍、籍贯、职业、工种、用途等都是指称虚的一面。这样看来，具体事物就是虚指和实体两个方面的统一，于是便可以认为虚指是对实体外延的限定，而不仅仅是说明。

以上这些复合词，虽然没有载入词典，总还是有独立的意义，然而有些复合词，特别是动补句中的复合词，离开句子就没有意义了，比如“妈妈把她骂哭了”中的“骂哭”以及“她哭红了眼睛”中的“哭红”就没有独立的意义，离开句子就看不懂。实际上“骂哭”和“哭红”都是动作和效果的统一，不过这种统一性要在有关的句子中才能体现出来，客观上也就是这种因果要在一定的场合(妈妈骂她，她哭了)才会发生。

3.16　什么是行为词?

事物可以独立地存在,但动作却必须依附于事物。事物有了动作后就会产生各种行为,比如“吃”依附于“饭”之后就产生“吃饭”的行为,“下”依附于“雨”之后就产生“下雨”的行为。于是“吃饭”和“下雨”便称为行为词。显然,行为词是动词和名词的结合。

其实有些事物还是会依存于动作的,比如“跳舞”的“舞”,“说话”的“话”,“鞠躬”的“躬”,“睡觉”的“觉”,“吃亏”的“亏”,“结婚”的“婚”。在这些行为中,如果没有动作,相应的后者也就不会产生。由于动作而产生的事物实际上是虚拟的事物,也就是假想的受事,目的就在于使动作所造成的效果形象化。

行为词经常出现于口语中,而且也和名词一样可以充任句子的主宾语。以“打球”和“走路”为例:“我喜欢打球”,“打球能增强体力和弹跳力”,“打球是一项很好的体育运动”;“这孩子两岁还不会走路”,“即使有了车,还是要坚持走路”。

行为词有两个显著的句法特点:①后面可以跟“了”而构成正在进行式,如“下雨了”、“睡觉了”、“吃饭了”;②可以被“了”和“过”分离,如“下了雨”和“下过雨”、“睡了觉”和“睡过觉”、“吃了饭”和“吃过饭”。

如上所述,有些行为词的宾格名词表示虚拟的事物,这就使得外国学生更不会将其拆解,结果就当作动词使用了,下面就是外国学生造的两个句子:

(17)*作为班长,他经常帮忙我们。

(18)*她唱得很好,大家都鼓掌她。

句(17)把“帮忙”当作了动词,其实“帮助”才是复合动词,“帮忙”则是行为词,“忙”虽然表示虚拟的事物,但也可以作为名词使用,于是修正句既可以是“作为班长,他经常帮我们的忙”,也可以是“作为班长,他经常帮助我们”,前者把“忙”作为“帮”的受事;后者把“我们”作为“帮助”的受事。句(18)也把“鼓掌”当作了动词,“她”则成了“鼓掌”的受事,其实“鼓掌”仍然是行为词,但是“掌”是大家的,不是她的,因此不能说“鼓她的掌”,只能是或为她,或向她,或对她,或给她而鼓大家自己的掌,于是修正句便是“她唱得很好,大家都为/向/对/给她鼓掌”。“结婚”也是行为词，不是动词，不能说“我结婚她”。“婚”为两个人共有的虚拟事物，因此不能说“我结她的婚”，而要说“我和她结婚”，由此也可以看出，一定要注意行为词与介词的搭配关系。

3.17 什么是因果词？

不言而喻，因果词就是基于因和果的复合，既然原因能够产生结果，就说明原因是蕴含活力的因素，蕴含活力的因素只能是动作，因此，反映在语言上表示原因的词都是由动词充任。至于结果则可以是动作，也可以是状态，所以表示结果的词可以是动词，也可以是形容词。如“看见”、“拉拢”、“劈开”、“磨破”等都是用动词表示结果的因果词；“扯平”、“升高”、“抹黑”、“搞好”则是用形容词表示结果的因果词。但有时候界限也很难分清楚，因为汉语的动词也常常表示状态，甚至形容词也可以充任动词。

因果词也只有少数被词典收录，大部分还是出现在句子中。中国人有因果统一的观念，因此都能用因果统一法则来合成因果词，并以此为基础而构建动补句。西方人没有因果统一的观念，所以外国学生不善于造因果词，下面便是外国学生造的四个病句：

(19)*我们一定要学中文好。

(20)*我现在能够听汉语懂了。

(21)*我们没能看了他。

(22)*你完了作业来找我吧！

显然，以上四句都是表述结果的动补句，因此句中应出现因果词。“学好”应成为句(19)的因果词；“听懂”应成为句(20)的因果词；句(21)也应当用“看见”作为因果词；句(22)的因果词应该是“做完”，于是以上四个病句的修正句便是“我们一定要学好中文”，“我现在能够听懂汉语了”，“我们没能看见他”和“你做完了作业来找我吧”。

因果词似乎还未被作为一个词种来看待，而是被视为一种结构，其实在句中它也有独立性，比如“喝醉”就是一个因果词。“他喝醉了酒”，“他把酒喝醉了”，

“喝醉了酒就会误事”，“酒可以喝一点，但不能喝醉”，这四句都有“喝醉”，这说明它已构成独立的概念，完全符合词的定义，应当作为一个复合词看待。至于动补句，更可以认为是以因果词为中心的拓展。由此可见，只要掌握了因果词，很多句法现象是不难弄懂的。

3.18 如何理解“救火”一类行为词的意义？

“救火”是一个特殊的行为词，说特殊是因为不能用“挽回”的意义去理解“救火”，否则，就会认为“救火”是表示不让火熄灭而将其挽救回来。实际上的意思刚好相反，“救火”也是把火熄灭，中国人虽然讲不出道理，但却能够这样理解，然而外国学生却没有这样的语感，自然就需要教师予以理性化的讲解了。

按《现代汉语词典》的解释，“救火”是表示在失火现场进行灭火和救护工作。失火现场也可以称为火灾现场，照此推论，在水灾现场进行排水和救护工作就可以称之为“救水”了，然而语言事实不支持“救水”之说，可见词典上关于“救火”的释义很没有说服力。这样看来，“救火”的正确解释还是要回到“救”的形象意义上来。笔者认为，“救”的形象意义应当理解为使发展的势头逆转。火起之后，火就会自发地由小变大，“救火”便是使火的发展势头逆转，即使其由大变小，由小变无，这就等同于灭火。使火势逆转的办法除了直接用水喷射外，还可以用多种办法使其不蔓延，直至在原地自动消失，可见“救火”的含义比“灭火”广，也许这就是于“灭火”之外另造“救火”一词的原因吧！

以下用“救”的逆转义来解释所有的“救”字行为词，看是否能表现出普遍的适应性。

①“生”和“死”是人的两种状态。人落水后，人的状态便会由“生”走向“死”，也就是说，“生”也开始向“死”转化，“救人”便表示使人的发展态势逆转，即使其逆死而行；“救生”便表示使“生”的发展趋势逆转，即不让它向“死”的状态转化，于是“救生”和“救人”在实质上就有了等同的意义，救生圈和救生艇便由此而得名。

②当生命受到威胁时，“生命”便有可能从“有”变到“无”，“救命”便表示使

这种变化逆转,即不让生命向"无"转变。由此可见,"救命"和"救人"也有同样的意思。

③"死"的自发过程是不可逆的,但古人认为仙人可以令死逆转,即令死向生转化,起死回生就是这种逆向转化的写照,当然这只是神话而已,然而事实证明濒临死亡之人是有可能被医生救活的。因为由死变活是死的逆向发展,从而可以表述为"救死",就是使"死"逆向发展的意思。将死人救活,以及扶助伤员被认为是医生的职责,因此,人们就用"救死扶伤"来表示医生的职责。

④"救灾"也表示使灾情逆转,即不让其自然地发展下去,"救荒"也表示使"荒"的发展势头逆转的意思。

⑤"救市"表示采取一定的手段,使市场逆转于困境,也就是不让其在困境中继续发展。

⑥外敌入侵后,国家就逐渐向消亡转化,使国家逆转于消亡的道路就称为"救国"。"亡"也可视为国家的一种状态,使这种状态逆转而不让其继续发展下去就可表述为"救亡"。

⑦"救救孩子"也表示使孩子在错误的道路上逆转。

⑧人力不能使水势逆转,这是古人早已得出的经验。于是人们在潜意识中就觉察到水不能救,只能治,因此"救水"之说不能成立,"治水"之说才能成立,从而在历史上也就有"夏禹治水"之说,而无"夏禹救水"之说。

"救"的逆转义也可以用来解释"救活",但与"救死"不同的是,"死"是"救"的对象,"活"却是"救"的结果,也就是说,"活"是"死"逆转之后的状态,因此,如果把"救死"看作是行为词的话,"救活"便是因果词,于是就可以插入"得"或"不"而说成"救得活"和"救不活"。至于"救星"则应该视为复合名词,指称使困境逆转之人。"救助"则是复合动词,表示使脱离困境。

3.19 汉语为什么出现离合词?

汉语的复合词(包括载入词典的独立复合词)虽然都是基于统一性法则的复合,然而作为非独立复合词的句法词仍保持着字的独立意义,正是由于这一点,所以两个字的结合性弱而可以分离，也就是可以分开来理解，比如“红花”和“白马”就可以理解为红色的花和白色的马。又如“看戏”和“打球”，因为它们都是行为词，于是就可以用“了”将其分离，如“看了戏”和“打了球”，甚至还可以加进一些字如“看了一场戏”和“打了一个小时球”。因果词也可以被“得”和“不”分离，如“升起”和“降下”两个因果词就可以分离为“升得起”和“升不起”，以及“降得下”和“降不下”。

行为词和因果词的可分离性从表面上看，似乎是由于结合性不强，其实，行为词的分离可以看作是行为已经完成或已经实现的描述，比如“吃了饭”就表示“吃饭”的行为已经完成，“睡了觉”也表示“睡觉”的行为已经实现。因果词的分离可以看作是因果可能性的描述。总之，能如此理解完全归因于汉语是模拟现实的形象化语言。

中国人有自发的时空观念，本能地知道行为词在何种语况下应该分离，外国学生不懂得行为词分离的意义，因而就会造出“上课完，我们去看电影吧”和“理发完我去洗澡”之类带英语语气的病句，但在汉语里“完”应当插在行为词中，而不是放在行为词后，插在行为词中就在结构上表示行为在动作完后解体。因此，以上两句的修正便是“上完课，我们去看电影吧”和“理完发我去洗澡”。

其实离合词几乎完全是由行为词和因果词组成。离合词只是说明结构上可分离，而不说明语义上的特点，尤其是让外国学在众多的复合词中甄别出离合词恐怕也不是容易的事。由此可见，离合词的提法并不对教学有利，倒是行为词和因果词的提法对教学更为有利，因为这两种词是以语义特点来命名。

第4章　关于趋向动词的问题

趋向动词表示从近到远，从远到近，从低到高，从高到低，从里到外，从外到里的趋向。不过这些意义都是对空间而言，实际上时间、信息和状态也表现了趋向的意义，因此，趋向动词的意义便由空间引申到时间、信息和状态。

趋向动词是现代汉语的特有词类，之所以有这种特有词类完全是出于形象化表述的需要。因此，无论是写还是说，用好趋向动词就会使语言的形象化达到最佳的境界。

4.1　如何理解趋向运动的基准？

从物理学的角度看，趋向动词实际上是表示相对于某一基准点的位移，因此，趋向动词不表示具体的动作，严格地说，趋向动词本质上表示空间运动。

正因为趋向是相对于某一基准而言，所以谈趋向必须先确定一个基准，外国学生就常常因为基准没有找对而造出了病句，比如，某外国学生所造的一个句子“到北京来以后，妹妹经常给我寄包裹去”就是由于没有找对基准而在句尾误用了“去”。

一般都认为基准点是说话人的位置，这样说过于笼统，也不准确，就语言事实来看也并非都是如此，比如说，一个小孩如果站在板凳上摇晃，相隔数米远的母亲就会叫喊:“快下来!”意思不是要小孩下到母亲身边来,而是要小孩下到地面上,这样看来,在上下方向是以说话人的站立面为基准,如果说话人站在地上,基准面就是地面,如果说话人站在楼上,基准面就是楼面。再来看水平方向,母亲经常对孩子这样说:“把脸凑过来,让妈妈亲亲!”这样看来,说话人在水平方向是以自己的身体表面为基准。事实上,如果小孩紧靠着母亲耍赖时,母亲就会说“去外面玩”,意思就是要小孩离开自己的身体表面到外面去玩。其实人的身体表面还被当作“进”与“出”的基准,比如,经常见之于口语的表述“孩子吃鱼时把鱼刺也吃进去了”、“赶快去医院请大夫把鱼刺取出来”,以及“孩子的妈妈吓出了一身冷汗”都是以身体表面为基准的表述。不过要注意的是,作为基准的身体表面并不都是说话人的,应该说是当事人的,上述前两句的当事人是孩子,后一句的当事人是孩子的妈妈。不过,以身体表面作基准面毕竟是微观的描述,就宏观而言,“来”还是表示从远处趋近于说话人;“去”表示离开说话人而趋向远处。

4.2 如何理解基准的相对性?

其实平常所说的“体内”和“体外”也是以身体表面为基准,然而对于一栋大楼来说,内与外的基准却是大楼的墙壁和大楼的门,以此而称呼“楼内”和“楼外”,甚至也称呼“墙内”和“墙外”、“门内”和“门外”,可见光水平方向的基准就有很大的相对性。至于垂直方向,其相对性更是显而易见,因为作为垂直基准的当事人其站立面本身就是可变的,或者地面,或者楼面都是可能的。显然,这些都是表现于空间的相对性。其实汉语也把趋向的基准由空间拓展到时间、商品流通和人事流动等各方面,甚至由客观世界拓展到主观世界,以及由具体拓展到抽象。正是由于趋向基准有很大的相对性,才导致趋向意义的引申。

4.3 如何表示"来"和"去"的方向性？

以上所谈的基准面其实是针对以说话人或当事人为中心的不太远的范围而言，所谓不太远的范围也就是说话人或当事人的声音所能传到的范围。在这个范围内，如果从上方趋近说话人或当事人的站立面就表述为"下来"，如果从下方趋近说话人或当事人的站立面就表述为"上来"；如果向上方离开说话人或当事人的站立面就表述为"上去"，如果向下方离开说话人或当事人的站立面就表述为"下去"。单纯的"来"和"去"只表示在基准面（一般都是地面）上的趋向，"来"表示趋近说话人或当事人（宏观），或表示趋近他们的身体表面（微观），"去"表示离开说话人或当事人（宏观），或表示离开他们的身体表面（微观），至于"进来"和"出来"，那就看说话人或当事人是在屋内还是在屋外了。如果说话人或当事人在屋内，从外面入屋内就为"进来"；从屋内出屋外就为"出去"。如果说话人或当事人在屋外，从外面入屋内就为"进去"；从屋内出屋外就为"出来"。

4.4 来

4.4.1 如何理解"来"的意义引申？

"来"的初始意义是表示从别的地方到说话人所在的地方，例如：

（1）客人来了。

其实"来"不限于人的动作，还可以表示一个事物的来临，比如，人们就经常在口语中叫嚷"再来一个"。在馆子点菜时也常这样说："给我来一盘炒肉丝。"显然，以上的"来"都表示了空间意义。由于时空有统一性，所以"来"也就引申出时间意义来了，比如说，有时间意义的季节也似乎和客人一样，由远时点来至人们所占据的现在时刻，例如：

（2）春天来了。

汉语既用“来”修饰事物，如“来人”、“来宾”、“来料加工”，也用“来”修饰时间，如“来年”、“来世”、“来日方长”。

如上所述，“来”的空间意义是表示事物从远方至说话人处，由于时空有统一性而可以互相比拟，于是“来”也就可以用来表示事物的行为和状态由从前持续至今，比如说，一年前就开始带病工作直到现在就可以表述为：

(3)近一年来他一直带病工作。

句(1)实际上表示了客人的来临，来临也可以理解为出现，也就是说，在说话人所在的地方原来没有客人，现在有了客人。可见“来”能够引申出‘出现’的意义，于是问题和麻烦的出现也可用“来”表示：

(4)问题来了。

(5)麻烦来了。

句(4)表示本来没有的问题，现在却出现了；句(5)表示本来不存在的麻烦现在也出现了。出现就是表示事物对当前时刻(也就是说话时刻)的占据开始，因此就可以用“开始”取代句(2)中的“来”而使其变为“春天开始了”，或“开始春天了”，句(4)和句(5)也都可以分别说成“问题开始了”和“麻烦开始了”。这样一来，如果在“来”之后接一个动词，那么“来”就可以表示一个新的动作过程即将开始，例如：

(6)你歇会儿，让我来拖地板。

上面这后半句的隐含义是：让我开始拖地板的过程。显然，此句中的“来”丝毫没有空间意义，纯粹表示动作的即将开始，也就是表现了“开始”的时间意义。“我来说几句”是人们在讨论会上常用的开场白；“大家来想办法”也是人们经常说的口头语，其中的“来”都表示即将开始一个新的动作过程。甚至光杆“来”也能表示潜动作的开始，比如，大人就经常告诫小孩“别胡来”、“不要乱来”，意思就是“别胡/乱开始什么动作”。

“来”的出现义还可以派生出致使之意，意思就是通过某种方式或手段而使一种新的行为出现，于是“来”便可以充当手段和目的的中介词，例如：

(7)通过整容来修补脸上的缺陷。

(8)到中国来学习汉语。

(9)用沼气来作燃料。

句(8)的“来”似乎还有一点空间意义,句(7)和(9)的“来”既无空间意义,亦无时间意义,只表示统一的意义了。正因为如此,所以上面三句中的“来”不是非用不可。

4.4.2 如何理解“来”的前置动词?

如上所述,“来”表示从别的地方到说话人所在的地方。然而是自动来还是被致使而来呢?这种区别便可由“来”的前置动词暗示,不需要特别的说明。

可以把“来”的前置动词分为自动动词和施动动词,因为两种动词前置于“来”会产生不同的句法意义,所以必须区别对待。如果用表示空间运动的自动动词前置于“来”就产生方式的意义,如“走来”、“跑来”和“飞来”,其中的“走”、“跑”和“飞”都表示“来”的方式;如果用表示空间运动的自动行为词前置于“来”,就产生手段的意义,如“走路来”和“坐车来”,其中的“走路”和“坐车”就表示“来”的手段。如果用施动动词前置于“来”,就产生使动的意义,如“抓来一条鱼”就表示用“抓”作为手段而使一条鱼出现于此;“捕来一只鸟”也表示用“捕”作为手段而使一只鸟出现于此。

当有人传播一个消息时,就可能会受到听此消息的人这样质问:“你的消息是怎么来的?”答话可能是:“(这个消息)是从报纸上看来的。”也可能是:“(这个消息)是从街上听来的。”由此可见,“看”和“听”也成了使消息出现于人们主观世界的手段。于是以下两句便应该成立:

(10)我从报纸上看来一个消息。

(11)我从街上听来一个消息。

报纸上登载的消息有形而无声,街上传播的消息则有声而无形,如果消息令人鼓舞,就可以将“令人鼓舞”作为定语置于“消息”之前,或作为补语置于“消息”之后,例如:

(12)a.我从报纸上看来一个令人鼓舞的消息。b.我从报纸上看来一个消息令人鼓舞。

(13)a.我从街上听来一个令人鼓舞的消息。 b.我从街上听来一个消息令人鼓舞。

按句(12)b的样式类推,以下句子也应该成立:

(14)从表面看来你的气色很好。

去掉“从表面”就变成：

(15)看来你的气色很好。

句(15)的形象意义可以这样来理解，那就是：说话人用“看”的手段使“你的气色”出现于自己的主观世界，然后作出“很好”的判断，并一起表示为口语。传统语法把“看来”称为插入语，其实是由于无法说明其来由，只能如此称呼。

4.5 起　来

4.5.1 如何理解“起来”的意义及其和动词与形容词的搭配？

《现代汉语词典》关于“起来”的释义有七种之多，中国学生对这些释义的理解自然不在话下，因为这些释义确是符合自己的语感，然而对于没有汉语语感的外国学生来说，要在使用中把握好这么多意义可就困难了。笔者发现，从物理学的角度来理解“起来”的意义倒能起到举一反三的效果。

因为“起”有表示自下而上的意思，所以“起飞”就表示飞机离地而升，然而“起来”却表示事物自下而出现于上位，至于起来的动因则可用前置动词表示，如“升起来”、“飞起来”、“举起来”。这样看来，“起来”就可以作为效果而和动词复合为动趋因果词。

从物理学的角度可以把“起来”理解为表示从低能态进入高能态，所谓能态就是拥有能量的状态。低能态和高能态可以这样来分辨：①动态和静态相比，动态是高能态，静态是低能态；②拘束和自由相比，拘束是高能态，自由是低能态；③有序和无序相比，有序是高能态，无序是低能态。这样看来，由静变动，从自由变为拘束，以及从无序变为有序都可以用“起来”表示。语言事实也确是如此，比如“唱起来”和“跳起来”是由静变动；“捆起来”和“关起来”是从自由变为拘束；“装起来”和“叠起来”是从无序变为有序。“起来”前面的动词实际上是表示从低能态进入高能态的手段，比如“唱起来”就表示用“唱”的手段使之进入动态。由此可见，与“起来”搭配的动词必须是能表示趋向高位的词（如“升”、“坐”、

“站”、“飞”、“举”、“抬”等),表示动状的词(如“动”、“唱”、“跳”、“跑”、“舞”、“跑”等),表示拘束的词(如“捆”、“绑”、“关”、“锁”、“藏”、“封存”等),以及趋向有序的词(如“统一”、“集中”、“组织”、“装配”、“连接”、“团结”等)。实际使用中当然可以不限于以上所举出的动词,但以上所讲的物理学原则却可以作为选用搭配词的准则。

人的情感也有高能态和低能态之分,“说”、“喊”、“笑”、“哭”、“高兴”都能使人的情感进入高能态,因而都能接“起来”,如“说起来”、“喊起来”、“哭起来”、“高兴起来”都能够成立。

人的精神状态也可以分为高能态和低能态,高能态的精神状态表现为积极、坚强、兴奋和激动,于是也可以用“起来”表示进入这些精神状态,如“积极起来”、“坚强起来”、“兴奋起来”、“激动起来”,甚至还可以说“硬起来”。

情况的好转也可以认为是从低能态向高能态转化,于是便可以说“好起来”。

4.5.2 如何理解“想起来”和“看起来”的意义?

“想得起来”、“想不起来”和“想起来了”都能够说,可见“想起来”是因果动词无疑,然而“看得起来”、“看不起来”和“看起来了”却都不能说,可见“看起来”不是因果动词。“想起来”的意思是用“想”作为手段来激发脑海中某种贮藏着的信息而使其进入动态,也就是使这些信息进入记忆之中,例如:

(16)你要的东西我想不起来放在哪里,让我想想,哦!想起来了,是放在书架最上层。

“让我想想”就表示用“想”的手段进行搜索,“想起来了”就表示搜到并将其激发。

现在就来分析下面的例句:

(17)看起来今天的任务是完不成了。

《现代汉语八百词》认为“看起来”作为插入语有揣摩和估计的意思,句(17)确是体现了这种隐含义,然而这种隐含义是怎么来的呢?根据《现代汉语词典》的解释,“揣摩”就是反复思考和推求。因为“起来”能够表示动态,于是“看起来”就表示动态观察,动态观察也就是反复观察,当然就会伴随着反复思考,揣摩之意便是由此而来。

4.5.3　如何理解“动词＋起＋名词＋来”的语用意义？

在口语的交流中经常可以听到这样的评论：

(18)你的性子真稳得住，说起话来慢条斯理，做起事来慢吞吞。

可以看出，“慢条斯理”是作为主语“你”的做事行为的特点；“慢吞吞”则是其说话行为的特点。可想而知，为了抓住行为的特点，就必须将行为展示出来，展示的办法就是将行为词和“起来”交叉，这就等于是把“起来”所表示的突显之意渗透到行为中去，从而达到展示行为的目的。句中的“说起话来”和“做起事来”便是“起来”和“说话”与“做事”的分别交叉，由此可见，“动词＋起＋名词＋来”的语用意义就是说话人为了展示主语的行为，后面的补语则是对所展示的行为进行的评论。其实行为必须通过行为主体的出现才能展示，“说话”的行为主体是“话”，“做事”的行为主体是“事”，因此，如果从形象来分析，“说起话来”就表示用“说”作为手段把“话”激起，使其出现在说话人的面前，“做起事来”也表示用“做”作为手段把“事”激起，使其出现在说话人的面前。

4.6　下　来

4.6.1　如何理解“下来”的意义引申？

“下来”的初始意义是表示自上而下的空间运动。“下来”前面的动词表示下来的方式或手段，如“降下来”、“落下来”、“搬下来”、“滚下来”、“放下来”、“取下来”。继而又发展到用于表达人的向下动作，如“坐下来”、“躺下来”、“跑下来”、“走下来”。现在又发展到表示人员向基层的流动，如“派下来”；表示文件向下级单位传递，如“发下来”和“批下来”；表示天气由晴转阴，如“暗下来”和“阴下来”。由此可见，“下来”的意义由空间引申到了人的动作，然后又引申到了社会和气候。

“下来”也表示脱离动态而进入静态。例如：

(19)请大家安静下来！

(20)把车停下来！

(21)先住下来再说。

(22)这件衣服很好看，把它买下来吧！

句(19)的“下来”显然是表示要大家进入静态；句(20)的“停下来”显然是表示要将处于动态的车转入静态；句(21)的“住下来”表示要先结束一下不安定的生活，以后再来谈别的，自然也表示要使生活从动态进入静态。商品经过“买”之后便脱离了市场，不再参与流通，所以“买下来”也表示将其纳入静态。

“下来”也表示部件脱离整体。例如：

(23)把零件卸下来。

(24)把这只猪腿砍下来。

(25)把这件脏衣服脱下来。

人们把无限伸展的时间比作长河，叫做时间长河，现在时刻便像是沿着时间长河顺流而下，因此“下来”也用于表示过去的一段时间持续。

(26)一年下来，好歹也有万把元的收入。

由于时空有统一性，所以“下来”也可以表示过去的一段动作持续。

(27)他们终于坚持下来了。

(28)这篇文章看下来足足花了三个小时。

既然“下来”能够表示事物脱离动态而进入静态，以及表示部件脱离有序的整体，这就说明“下来”可以表示从高能态变到低能态，这样看来，“下来”就有着与“起来”相对立的意义。语言事实也确是能够说明这一点，比如说，在中国人看来，“晴”是天气的高能态，“阴”是天气的低能态，由晴转阴就是天气从高能态变到低能态，因而这种转变就用“阴下来”表示，相反的转变则用“晴起来”表示。

4.6.2 为什么“从楼上下来”可以说成“下楼来”？

如果说话人是在楼下，则“下来”和“下楼”都表示趋向说话人的运动，所不同的是，“从楼上下来”表示“下来”的始点是楼上，终点是楼下。“下楼来”只表示下楼的终点是楼下，如果不用“来”结尾，则不足以表示“下楼”的实现，并终止于楼下。因此在水中游泳的人往往会对未下水而又在岸上站着的人这样说：“下水来和我们一起玩吧。”这样看来，“下来”之类的趋向动词也有可分离性，而且可分离性超出了一般的因果动词,因为它们可以被实体名词分离。其实分离后的“来”仍然有表示一个新的动作过程即将开始之意。

4.7　去

4.7.1　如何理解“去”的趋向意义及其引申?

《现代汉语词典》对“去”的解释是:从所在地到别的地方。这个所在地当然也包括说话人所在的地方,但是更准确的解释似乎应该是表示离开原地。比如,不管说话人在不在北京,都可以说“他上个月离开北京去了上海”。在该句中如果把“他”作为“去”的主体,那么“上海”就可以作为“去”的客体。如果按此推广,就可以认为主体就是离开原地的事物,客体就是“去”的目的地。

和“来”一样,可以用前置动词和前置行为词表示“去”的方式,如“走去”、“跑去”、“骑自行车去”、“坐火车去”;也可以用前置行为词表示“去”的动机,如“看电影去”,“上学校读书去”,是前者还是后者也必须经过语义的逻辑判断才能确定。动机总是确定于动作之前,目的则实现于动作之后,因此,如果把看电影作为目的,则“看电影”必须后置于“去”,如“去看电影”。说这句话的时候电影并没有看,只是表示要去看,这样一来,“去”也就有表示将要开始另一个新的动作过程之意,例如:

(29)这件事交给你去办吧!

如果用“来”取代以上句中的“去”,就成为“这件事交给你来办吧!”此句和上面的句子意义差不多,但用“来”表示新过程就在说话人所在地开始,用“去”却表示新过程可以在别的地方开始,可见用“来”和用“去”在语用意义上是有差别的。

“去”的意义经过引申也表示一切事物离开原地。离开原地的事物可能是到别的地方去了,也可能是从此消失,因此“去”既可以表示转移,也可以表示消失。表示转移时既可以把要转移的目的地表示在“去”之前,也可以把要转移的目的地表示在“去”之后,例如:

(30) a.他到美国去了。　　　　　　b.他去了美国。

其实,前置于“去”的目的应当理解为“去”的动机,照这样看来“到美国”就是“去”的动机了。如果“到美国”是为了留学,则“到美国”又成了留学的手段,于是“留学”又可以作为目的而接在“到美国”之后:

(31)他到美国留学去了。

也可在“了”后接动量词“次”表示“去”的次数:

(32) a.他到美国去了两次。　　　　　　b.他去了美国两次。

说此话时,“他”已经回来,也就是说,两次美国之行都是可逆的,因此可以用“过”取代“了”而不会改变句意:

(33) a.他到美国去过两次。　　　　　　b.他去过美国两次。

用“去”表示消失时必须用前置动词表示消失的方式,例如:

(34)那一年,他父母相继死去。

4.7.2 “去”为什么能引申出消灭的意义?

事物离开原地的情况有两种:①自动离开;②被动离开。意义是前者还是后者可以用前置动词表现出来,一般来说,自动动词前置表示自动离开,如“走去”、“跑去”、“飞去”,施动动词前置表示被动离开,如“寄去”、“送去”、“派去”。对立的句法意义表现为前者不能进入“把”字句而后者可以,例如:

(35) a.*把他走去。　　　　　　b.把他派去。

“去”的消失之意也因此而有自动消失和使之消失两种。使之消失也就是消灭,是前者还是后者,也可以用前置动词表现出来。“死去”表示以死的方式消失,如句(34)所示。消灭的手段也同样可以用前置动词表示,例如:

(36)把苹果削去皮后再吃。

(37)一场车祸夺去了他的生命。

一般来说,施动动词表现为消灭的手段,自动动词表现为消失的方式,“削”和“夺”都是施动动词,所以“削”便是消灭苹果皮的手段,“夺”则是消灭他的生命的手段。如果方式和手段都不明白时,就可以不加前置动词,例如:

(38)喝绿豆汤可以去火。

4.7.3　为什么“去”的主体可以用宾语表示？

其实“去”的意义可以从其方向性的考察而体现出来。“去”的方向总是从主体指向客体，这可以称为“去”的方向原则，如下式所示：

$$\overrightarrow{\text{主体+去+客体}} = \overleftarrow{\text{客体+去+主体}}$$

上式表示，只要遵照这个原则，就可以主客对调而不改变句意。比如说，设主体是“他们三个人”，客体是“西藏”，将其代入上式，就可得：

(39) a.他们三个人去西藏。　　　　b.西藏去他们三个人。

由此可见，用宾语来表示主体事物是符合“去”的方向原则的。

4.8　下　去

4.8.1　如何理解“下去”的持续意义？

“下去”也表示从高到低，从上而下的运动。与“下来”不同的是坐标原点的相对位置，即说话人的观察点不同。观察点若处于高处，则离观察点的降落称为“下去”；观察点若处于低处，则朝观察点的降落称为“下来”，其实观察点就是以上所说的基准。

“下去”的前面也可以用动词表示下去的方式或手段，如“落下去”、“推下去”、“陷下去”、“掉下去”、“跳下去”、“滚下去”等。

人总是处在现在时刻来观察时间中的事物运动，可见时间的观察点总是现在时刻，于是，从“现在”开始的动作持续也由于时空有统一性而可以用“下去”表示。动作的未来持续实际上就是动作的发展，因此“下去”也就被用来表示继续发展。例如：

(40)不要有顾虑，继续说下去。

(41)抗日战争期间，虽枪声不断，炮火隆隆，但我们的戏还是照样演下去。

4.8.2 为什么用"下去"表示向坏的趋势发展？

在中国人的意识当中，向下的继续和向下的发展都被认为是朝坏的趋势变化，于是"下去"便用于描述事物向坏的趋势演变。下面的例句可以充分说明这一点：

(42)如不采取措施，仓库里的大米就会继续霉烂下去。

(43)你们双方再这样闹下去就只好对簿公堂了。

(44)再这样下去/*下来，你会毁掉自己的前程。

(45)改革开放以来，中国人的生活一天天地好起来/*下去。

显然，"霉烂下去"表示霉烂的继续发展，"闹下去"也表示了双方矛盾向尖锐化发展。句(44)虽然没有指出坏的性状，但"下去"却表示了向坏的方向发展。向好的方向发展不能用"下去"表示，因此句(45)不能用"下去"结尾。

地球上的事物总是趋向于下落和变腐，时间久了建筑物就会倒塌，山也会变矮，甚至被削平，石头也会风化，东西都会发霉变腐、变烂，总之，事物在时间中持续下去就会渐渐变坏，以至消亡。从物理学的角度看，这些变坏的过程都是释放能量的过程，如果把事物看作是一个热力系统，释能过程也就是熵增过程；如果把事物看作是一个结构系统，释能过程也就是从有序走向无序的过程，如此看来，"下去"就表示释能或熵增过程。"下去"之所以能用于描述事物向坏的方向变化，其道理也在于此。一边是好起来，一边是坏下去，于是"下去"和"起来"就有着对立的句法功能。由此可见，汉语的用语和用词是很有科学性的。

4.9 到

4.9.1 如何理解"到"的趋向意义及其引申？

"到"的空间意义是表示到达和达到，如"火车到了"、"客人到了"。也由于时空有统一性而能够引申为表示时间的到达，如"冬天到了"、"开会的时间到了"。

和"去"一样，在对"到"的讨论中也必须分清主体和客体，以上所举之例就表示主体的到达，因为“火车”、“客人”、“冬天”和“开会的时间”都是“到”的主体。事实上“到”也可以表示客体的到达，于是便可以用“到”表示目的地的抵达，如“到了北京”、“到了美国”，如果进一步引申，“到”就可以表示动作持续到什么时间，如“工作到晚上10点钟”；表示性状达到某种程度，如“温度已到0℃”；表示额定值的到达，如“这辆货车的载重量可以到20吨”。可以看出，主体通常都是摆在“到”之前，客体通常都是摆在“到”之后，但是在非正常的情况下，主体也可以摆在“到”之后，如“到了客人”，客体也可以摆在“到”之前，如“北京到了”。如果主客体都需表达出来，则主客体分列于“到”的前后而成为主语和宾语，例如：

(46) a.冷空气到了江南。　　b.江南到了冷空气。

(47) a.一批新米到了我市粮店。　　b.我市粮店到了一批新米。

其实，句(46)b可以理解为“江南出现了冷空气”，句(47)b也可以理解为“我市粮店出现了一批新米”，这样看来，主体之前的“到”就有“出现”之意。

“冬天到了”可以理解为“冬天开始了”，但“火车到了”却不能理解为“火车开始了”，其中的道理可以这样来理解：冬天是一个既有首点也有尾点的时间段，因为时间不停地迎着人的占据点(也就是现在时刻)而来，当该段的首点到达占据点时，我们便说“冬天到了”，其实此时就是冬天的开始，因为冬天所占据的时间段还要继续历经人的占据点，直到尾点越过占据点。火车却不同，火车到了之后就停下不走了，不能说“火车开始了”就是这个缘故，不过，“火车到了”却可以理解为火车出现了。

4.9.2　如何理解动词后面接“到”的形象意义？

汉语表示动作停止的方法有两种：①用词汇意义表示；②用形象意义表示。比如“停止”、“终止”、“结束”等都有表示动作停止的词汇意义，“了”、“到”、“来”则是用形象意义表示动作的停止。就“到”而言，“到”的形象意义可以理解为趋向的终结，“到此为止”就是这个意思。因此，将“到”接于有持续意义的动词之后就表示动作趋于终结，至于终结于什么时间和什么情状都可以用后续词语说明，例如：

(48)他从早晨走到天黑，终于走到了目的地。

(49)他俩谈到深夜。

(50)孩子烧到四十度。

(51)他终于回到了自己的祖国。

句(48)中有两个“走”,第一个“走”终结于“天黑”,第二个“走”终结于“目的地”,两个“走”都是同一个人的动作,然而终结的情状却不一样,这是由于表达的视角不同的缘故。句(49)表示“谈”终结于“深夜”;句(50)表示“烧”终结于“四十度”;句(51)表示“回”终结于“祖国”。如果把“天黑”、“目的地”、“深夜”、“四十度”和“祖国”的到达都看作是效果,那么就可以认为前置动词表示效果出现的手段,这样一来,“到”就有表示效果出现的句法功能,这可以用下面的例句说明:

(52)我们的车按时赶得到终点站吗?

(53)我要的那本书找得到吗?

句(52)的意思实际上是表示,“终点站”所表示的效果能通过“赶”而按时出现吗?肯定的回答是“赶得到”,否定的回答是“赶不到”。句(53)的意思也是表示,“那本书”所表示的效果能通过“找”而出现吗?肯定的回答是“找得到”,否定的回答是“找不到”。这样看来,“得到”表示效果出现的肯定,“不到”表示表示效果出现的否定。

“砍倒”是一个典型的因果动词,“倒”表示“砍”的效果,与“找到”相比,“到”不直接表示效果,只表示效果的出现。具体地说,“砍得倒”表示“倒”的效果通过“砍”能够出现,“找得到”则表示“找”的效果能够出现。于是“砍倒了一棵树”就表示由于“砍”而倒了一棵树;“找到了亲生儿子”就表示由于“找”而导致了亲生儿子的出现,也可以说,“找”的动作终结于亲生儿子的出现。该句也可以表述为“亲生儿子找到了”,意思是,“亲生儿子”所表示的效果通过“找”而出现了。

4.9.3 如何理解“看到”、“听到”和“收到”的形象意义?

首先来看下面三个例句:

(54)我看到了一辆小汽车停在我家门口。

(55)我听到了远处传来的爆炸声。

(56)我收到了一封信。

根据《现代汉语词典》的解释,“看”是使视线接触人或物,“听”是用耳朵接受声音,“收”也表示接受、容纳。于是,句(54)便可以理解为我使视线接触到了停在我家门口的一辆小汽车；句(55)便可以理解为我用耳朵接收到了远处传来的爆炸声；句(56)便可以理解为我接纳了一封信的到来。如果用“到”的趋向意义来理解，则要看宾语是表示主体还是客体，句(54)的宾语“一辆小汽车”是客体，于是该句便可以理解为我的“看”终结于我家门口的一辆小汽车。句(55)的宾语“爆炸声”是主体，于是该句便可以理解为我用“听”的手段接纳了爆炸声的到来。句(56)的宾语“一封信”也是主体，于是该句也可以理解为我用“收”的手段接纳了一封信的到来。

4.9.4 为什么“我去你家”也可以说成“我到你家去”？

“去你家”表示“你家”是“去”的客体，“到你家”也表示“你家”是“到”的客体。然而“去你家”表示“你家”也是“去”的目的地，目的地抵达之后，“去”所表示的趋向便会终止，此后“我”便会停留于“你家”。“到你家”就是趋向终结于你家，“到你家去”表示“到你家”是“去”的动机，动机实现后，“去”所表示的趋向也自然会终止，“我”也会停留于“你家”。由此可见，表达虽然不同，但都能说明停留于你家的同样结果。

4.9.5 “他来了北京”和“他到了北京”在意义上有什么异同？

“他来了北京”和“他到了北京”都表示他已经结束空间运动而抵达了北京，所不同的是说话人所在的位置不同。就动词的意义来说，“来”表示趋近于说话人，“到”表示终结于目的地。如果说话人自己就在北京，既可以把自己作为参照而说“他来了北京”，又可以把北京作为参照而说“他到了北京”；如果说话人自己不在北京，就只能以北京作为参照而说“他到了北京”。

4.10 出

4.10.1 如何理解“出”的意义？

根据《现代汉语词典》的解释，“出”表示由里面移到外面，这当然只就空间而言，不过，更准确的理解应当是表示超脱事物原来所处的空间、范围，以及其边界，继而引申到表示超脱原来所处的社会集团。例如：

(57) a.一个人出了房间。　　b.一个人出房间去了（*来了）。

(58)足球出界了。

(59) a.他出国了。　　b.他出国去了。

可以把说话时所借鉴的参照位置称为说话基点。说话基点也就是说话人所处的假想位置。可以想见，(57)中的a、b两句的说话基点都是在房间内，其语序的排列表明，说话人先看到一个人，然后又看到该人出了房间。正因为基点在房间内，所以用“来了”结尾的b句不能成立，用“去了”结尾的b句才能成立。如果把说话基点放在房间外，那么说话人就先看到房间，然后才看到从房间里出来一个人，于是语言的表述便为：

(60) a.房间出了一个人。　　b.从房间出来（*去）了一个人。

句(58)的说话基点显然是在界内，句(59)的基点也是在国内。如果把超脱者看作是“出”的主体，把超脱的处所称为客体，则句(57)中“出”的主体是“一个人”，客体是“房间”，该句的词序是，主体在“出”之前，客体在“出”之后，句(60)则把主客对调了一下，主体移到了“出”之后，这样一来，句(60)a便成了句(57)a的逆向句。于是主体之前的“出”便产生了“出现”之义。下面两个a句中的“出”也表现了出现之义：

(61) a.穷山沟出了一个秀才。　　b.*一个秀才出了穷山沟。

(62) a.中国出了个毛泽东。　　b.*毛泽东出了中国。

句(61)a也是把作为客体的“穷山沟”放在“出”之前，把作为主体的“一个秀才”放在“出”之后，词序的这种安排也是由于说话的基点是在穷山沟的外面。句(62)a是歌曲《东方红》中的一句歌词，似乎也是把基点放在中国之外，也就是从世界的角度来看中国。但是这两句很难把主客对调，即把主体移至“出”之前，如相应的b句所示，究其原因，就是因为这两个“出”已经没有空间的趋向意义了。这样看来，由表示超脱到表示出现，是意义的一次大引申。其实这种引申也是必然的，因为出现本来就是对原有的超脱，“脱颖而出”就是这个意思。

用“出”的出现义造句时总是前客后主。而且一般都只说主体事物，不说客体事物，如“出汗”、“出题”、“出头”、“出成果”、“出人才”、“出布告”、“出天花”、“出洋相”、“出毛病”和“出人命”等。“出”的主体也由客观事物引申到体力和思维,如"出力"、"出主意"、"出点子"和"出计谋"等。

4.10.2 如何理解"动词+出"的句法意义?

以上所述证实了"出"有两种意义:①表示超脱;②表示出现。将"出"接在动词的后面也就因此而表现了两种句法意义。

第一种意义的"出"接在动词后面表示人和事物在动作的驱动下对原有空间、原有范围或其边界,以及社会集团的超脱,自动动词则可以理解为表示超脱的方式,施动动词则可以理解为表示使受事超脱的手段,例如:

(63)他走出自己的卧室来到大厅。

(64)他每天早晨都会领着小狗跑出大楼,直奔体育场。

(65)他跨出大门,扬长而去。

"走"、"跑"和"跨"都是自动动词,都可以理解为超脱的方式。

(66)a.把蛇引出洞穴。　　b.引蛇出洞穴。(引蛇出洞)

(67)a.把客人送出大门。　　b.送客人出大门。

(68)a.把犯人押出牢房。　　b.押犯人出牢房。

"引"、"送"和"押"都是施动动词,都可以理解为使受事超脱的手段。

用施动动词造的句子可以把施动对象移于动词之后,也就是把以上的三个a句转换为相应的三个b句,这样看来,不用"把"字句表述时,施动对象必须跟在动词之后而置于"出"之前,这样的词序安排其实就表示"出"的主体事物必须先接受施动动作的驱动作用,然后才产生"出"所表示的趋向。

表述对一个单位和政治集团的超脱往往用施动动词前置于"出",例如:

(69)把腐败分子清除出党。

第二种意义的"出"接在动词后面表示事物在动词所表示的动作驱动下出现,自动动词表示为事物出现的方式;施动动词表示为使受事出现的手段。例如:

(70)从大楼窜出一条狼犬。

(71)腐烂的伤口爬出许多虫子。

"窜"是狼犬出现于大楼外面的方式,"爬"是虫子出现于伤口上面的方式。

(72)他从包内拿出一包糖果分给大家。

(73)他终于道出了其中的隐情。

"拿"是使糖果从包内出现的手段,"道"是使隐情出现的手段。

其实所谓的第一种意义和第二种意义,其区别就在于宾语的不同:第一种意义的宾语所指为客体;第二种意义的宾语所指为主体。

4.10.3 "到"的出现义和"出"的出现义有何区别?

为找出两种出现义的区别,首先来分析下面四个句子:

(74)a.他找到了遗失的银行卡。 b.*他找出了遗失的银行卡。

(75)a.他翻到了四十年前的照片。 b.他翻出了四十年前的照片。

(76)a.他拿到了自己的身份证。 b.他拿出了自己的身份证。

(74)的a句表示,未"找"之前银行卡不在他的身边,既然银行卡已遗失,就要使其到来,否则就不能出现,所以(74)的b句不能成立。(75)的a句表示,未"翻"之前照片已四十年不和他接触,等于是离开了他四十年,但这种离开却是由于照片隐藏起来了的缘故,于是就可以通过"翻"而使其出现,因而(75)的a句和b句都能够成立。(76)的a句表示,未"拿"之前身份证也不在他的身边,是他用"拿"的手段使身份证出现。然而(76)的b句却表示身份证没有离开他,也是隐藏起来了,结果就通过"拿"而出现了。通过以上六个句子的分析可以获得这样的认识,即对于主语而言,"到"能够表示不在身边的事物出现,"出"则只能表示已在身边但被隐藏着的事物出现。此外,"到"不表示出现的公开化,"出"则表示出现的公开化。

4.10.4 "出在"、"出自"和"出于"在意义上有什么区别?

"出在"、"出自"和"出于"是三个常用的趋向复合词。因为第一个字都是"出",所以都有产生、发生或出现之意,不同就来自第二个字:"出在"表示事物虽已出现,但仍占据着原来的位子,如"大熊猫出在四川";"出自"表示事物出现后脱离了原来的位子,如"国外动物园的大熊猫都出自四川";"出于"表示事物和事件的出现和某一因素有关联,如"采取这样的措施实在是出于无奈"。于是就可以推而广之,用这三个词造出下面三个句子:

(77)A、B两国之间摩擦不断,问题总是出在B国方面。

(78)这幅画一定出自名家之手。

(79)你辞去高薪职位是出于什么原因?

句(77)表示,问题总是在B国方面产生;句(78)表示,这幅画一定经由名家之手而绘出;句(79)表示询问辞去高薪职位是受什么原因影响而致使作出这样的决定。

4.11　进

4.11.1　如何理解“进”的意义?

如果引用主体和客体的概念,那么“进”的意义就是表示主体事物从客体外面移到客体里面,可见客体必须有容纳性,于是客体可以是一个有限空间,或用边界围成的有限范围,甚至是社会集团。这样看来,由于意义的引申,“进”所表示的移动应当广义地理解,比如说,“他进了房间”的“进”和“他进了大学”的“进”就表现了不一样的意义。前者表现为踏入房间内的空间位置,后者也可能表现为踏入大学内的空间位置,但更多的可能是表现为开始参加大学的读书生活。这样看来,后一个“进”就有模糊性。其实类似的句子还是经常出现于口语中,例如:

(80)我的儿子进了保险公司。

(81)他的不肖儿子进了监狱。

(82)他进了领导班子。

(83)她的名字进了世界妇女名人录。

人们自然会理解到句(80)表示我的儿子开始在保险公司上班,句(81)表示他的不肖儿子开始过囚禁的生活,句(82)表示他开始当领导了,句(83)表示她开始成为名人了,然而这些“开始”之意都是由“进”带来的,这样看来,广义的“进”就可理解为新的开始。“开始”不是空间意义,而是时间意义,可见“进”的意义已悄悄地从空间引申到时间。于是“进”也可以表示发展。

(84)通过这次访问,我们两国的关系又进了一步。

上述各句的“进”都放在客体之前,事实上“进”也可以放在主体事物之前,例如：

(85)在这场篮球比赛中，他一个人就进了二十个球。

(86)我厂最近进了一批新工人。

(87)商店进了一批新货。

显然，(86)和(87)两句中的“进”有接纳之意，然而句(85)中的“进”却表现为“投中”之意。这样看来，对“进”确实要辩证地理解。

其实“进”的意义也可以从其方向性的考察而体验出来。和“去”一样，“进”的方向总是从主体指向客体，这可以称为“进”的方向原则，如下式所示：

$$主体+\overrightarrow{进}+客体=客体+\overleftarrow{进}+主体$$

上式表示，只要遵照这个原则，就可以主客对调而不改变句意。比如说，句(86)和句(87)的主体分别是“一批新工人”和“一批新货”，客体分别是“我厂”和“商店”，将其代入上式，就可得：

我厂进(了)一批新工人＝一批新工人进(了)我厂

商店进(了)一批新货＝一批新货进(了)商店

句(85)的主体自然是“二十个球”，但客体却不是“他”，而是“篮球网”，如果将“篮球网”作为客体代入上式，亦可得：

二十个球进了篮球网＝篮球网进了二十个球

“进”作为事物的移动自然就存在一个动因问题，如果动因在主体，那就是主动的“进”，如果动因在客体，那就是被动的“进”，在句子的词序安排上，表示动因的一方总是放在“进”的前面，于是，客体后面的“进”便表现为被动的“进”。如果用语言表达，主动的“进”就是“推进”；被动的“进”就是“吸进”。“吸收”和“接纳”都是吸进的意思，说句(86)和句(87)中的“进”表现为“接纳”就是这个道理。

4.11.2 如何理解动词后面接“进”的句法意义？

“进”的前置动词若为自动动词，则该动词就表现为“进”的方式或手段，甚至是动因。如果主体为已知，则客体都放在“进”之后，例如：

(88)他走进了教室。

(89)她气势汹汹地闯进了会议室。

(90)他们住进了新楼。

应该说,“走”和“闯”是表示“进”的方式。“住”表示“进”的动因,意思就是说,是为“住”而进新楼的。

前置动词若为施动动词,该动词也表现为“进”的方式或手段,甚至是动因,而且主体一般都放在“进”之后,例如:

(91)为平衡市场,从外面调进了一批食用油。

(92)我的眼睛被大风吹进了一粒沙子。

第5章　一些常用虚词的问题

虚词的大量使用是现代汉语的一大特点，其实也是汉语的形象化趋于完美的必然结果。运用好虚词就会使语言生动，表达丰富，因此在教学中讲好虚词实在很有必要。

虚词是汉语词类的一个大类，按照传统语法，它应当包括助词、介词和副词。本章只就其中的一些常用虚词的问题给予解答。但解答时不问词性如何，只以意义为根据，因为以意义为根据才能揭示基于词汇意义的各种引申机理，意义的引申才是虚化的实质。

5.1　了

语法界把句中“了”称为“了$_1$”，把句尾“了”称为“了$_2$”。关于“了$_1$”的看法主要有两种：①认为“了$_1$”表示完成；②认为“了$_1$”表示实现。至于“了$_2$”，普遍认为是表示出现新的情况。本书认为，不论“了$_1$”还是“了$_2$”，都是表示有始点的时间过程，现在就用语言事实来评判以上各观点的正确性程度。

5.1.1　为什么“下雨了”表示下雨正在进行，“下了雨”表示下雨停止？

“下”表示从高处到低处，因此雨的下降运动就用“下”表示。然而人们却认为“下”是天施加于雨的动作，于是就有这样的描述：“天正在下雨。”甚至还构建了“天要下雨，娘要嫁人”这样的俗语，这样看来“下雨”就表示“下”和“雨”的结合，正是由于这种结合，“雨”便受着“下”的作用而逐渐消失，然而这种变化只有在时间的持续中才能展现出来，于是就必须赋予“下雨”以时间的意义，具体做法就是在“下雨”的后面接表示时间的“了”。

一切事物的运动和变化都发生和形成于现在时刻，可想而知，“下”和“雨”的结合也必定形成于现在时刻，因此“下雨了”便表示“下雨”发生于现在时刻。因为现在时刻总是向前推移，所以“下雨了”便表示下雨正在进行，意思就是正在说话的时候进行，事实上，各种版本的汉英词典也都把“下雨了”的英译句表述成了正在进行的时态。因为现在时刻也就是说话的时刻，于是就可以把现在时刻称为语言点。

“下了雨”便表示“下”由于“雨”的消失而脱离了“雨”，因而终止了持续，于是下雨停止了。由此可以看出，“下雨了”和“下了雨”都是形象化的表述。

句尾“了”或表示始于语言点的时间过程，或表示始于语言点之前的时间过程，如果是前者，则可以说“现在下雨了”，如果是后者，则可以说“早就下雨了”。如果确定三天之前为过程的始点，就可以说“三天之前就开始下雨了”。

其他如“吃饭了”、“睡觉了”、“上课了”、“刮风了”也都表示相应的行为正在进行，于是行为的正在进行时便可归结为“行为词＋了”。

5.1.2　“了$_1$”表示完成的说法正确吗？

“吃饭了”之所以能够表示“吃饭”正在进行是因为“吃饭”本身就具有持续性，之所以有持续性就是因为“吃”结合了“饭”的缘故，一旦饭被吃饱，“吃”也就停止了，或者说完成了。由此可见，句法意义完全取决于“了”前的词语能不能表现出持续性，“吃饭”有持续性，因此“吃饭了”能表现出正在进行的情状，失去了“饭”的“吃”没有持续性，因此“吃了”就表现出完成的情状。

与“吃”不同，“睡”却有持续性，因为“睡”实际上是人们表现自我的一种状态，状态在时间过程中是有恒稳性的，也就是说，状态不会随着时间的推移而自动消失，因此“孩子睡了”就表示孩子仍旧在睡，也就是还没有结束“睡”的状态。总而言之，“了”的功能仅仅是赋予时间意义，而不说明动作已经完成，或者仍在持续，换句话说，动作完成与否完全取决于动作本身是否具有持续性。打一个通俗的比方，如果把“了”比作舞台，把词语比作剧组，只有把舞台和剧组结合起来才能实现演出，但剧情的发展与效果完全取决于剧组，舞台的作用就在于把剧情的发展与效果展现出来。这样看来，说“了$_1$”（即动词后面的“了”）表示完成的看法实际上是一种误会。

如果把事物消失或出现的过程视为动态过程，把事物恒稳存在的过程视为静态过程，那么，下雨和建桥就都是动态过程，因为过程之末，雨消失了，桥出现了，于是过程也就终止了。睡觉是静态过程，因为“觉”有恒稳性。这样看来，“了$_1$”或表示终止了的动态过程，或表示仍在持续的静态过程。

5.1.3 既然“下了雨”表示下雨停止，为什么“他当了兵”却表示他仍在当兵？

“他当了兵”可以这样来理解：他由非兵到成为兵也要经过一个短暂的动态过程，贯穿这个过程的动态动词便用“当”表示，“他当了兵”便表示“兵”的动态过程完成，也就是表示“兵”以“当”的方式开始依存于他，动态的完成便是静态的开始，于是“当”便由动态动词变成了静态动词。开始了的静态就会有恒稳性，于是“他当了兵”便表示“兵”以“当”的方式继续地依存于他，此过程一直持续到语言点而仍然不会终止，“他当了兵”表示说话时他仍然是兵就是这个道理。

就形象意义来说，“下雨”是雨的消失过程，“下了雨”便表示雨的消失，从而也就表现为下雨的停止；“当兵”是兵的存在过程，因为“兵”不会受“当”的支配而自动消失，所以“当了兵”不表示当兵结束，而表示当兵继续，只有在“了”后接一个时间词才能表示当兵结束，比如“他当了三年兵”就表示“兵”以“当”的方式依存于他的过程只持续了三年，也就是三年以后“兵”不再依存于他了。

其实，当兵和睡觉一样，也是静态过程。因为静态过程不会自动终止，因此，在句法意义上“了$_1$”不会表示静态过程完成，只会表示静态过程继续。

5.1.4 为什么“了$_2$”能表示情状的延续？

《现代汉语八百词》说“了$_2$”主要肯定事态出现了变化或即将出现变化，这种解释不太准确，语言事实是，“了$_2$”肯定其前置词语所表示的情状出现，而不是肯定这种情状出现了变化，比如“刮风了”的“了”肯定“刮风”的出现，而不是肯定“刮风”出现了变化；“小明也喜欢跳舞了”的“了”也肯定“小明喜欢跳舞”这种情状的出现，而不是肯定这种情状发生了什么变化；“现在开始休息了”更是体现了对“休息”的肯定。

新的情状一旦出现，或者即刻消逝，或者继续保持，是前者还是后者取决于该情状是否有恒稳性，比如“打雷了”只表示“打雷”的出现，因为“打雷”本身没有持续性，“下雨了”除表示“下雨”的出现外，还表示“下雨”的继续。“他不会来了”也肯定“他不会来”的情状会继续下去，“$了_2$”之所以有这种功能就是因为“$了_2$”表示开放的时间，有持续性的情状一旦形成就有恒稳性，但恒稳性只有和开放的时间结合才能表现出来，由此可见，正是“$了_2$”的时间意义才使得情状的恒稳性成为现实。

5.1.5　除动词和行为词外，还有哪些词可以加“了”？

作为一个时间过程自然会有起点，行为、动作和状态都有起点，因此除行为词和动词外，表示状态的形容词也可以加“了”，如“醉了”、“老了”、“好了”。人生中的年龄段也有时间起点，因而表示年龄段的名词也可以加“了”，如“大人了”、“大姑娘了”。表示年龄的词也可以加“了”，如“二十岁了”。称号也有时间起点，因而表示称号的名词也可以加“了”，如“大学生了”、“公务员了”、“班长了”。此外，时间总是从某一基点算起，所以时间词也可以加“了”，如“来此三年了”。季节也是有时间起点的，因而就可以说“春天了”、“中秋节了”。因为状态有恒稳性，所以表示状态的形容词加“了”或表示状态的开始，或表示状态的持续；年龄段的名称也有相对的恒稳性，所以表示年龄段的词加“了”或表示步入该年龄段的开始，或表示已进入该年龄段之中；时间词加“了”则表示时间的继续延伸；称号名词加“了”就表示称号的继续保持，这也是因为称号有恒稳性的缘故。然而这些意义都是来自“了”前的词语，“了”的作用就在于把这些意义在时间中展现出来。

从以上的论述可以归纳出这样的原则，那就是：能加“了”的词语都必须有时间特征。“好像”、“属于”、“认为”、“希望”、“觉得”一类词都没有时间特征，也就是都不能表示时间的起点，所以都不能加“了”，但后接适当的词语就可以表示时间起点而可以加“了”，如“他好像病了”，“从今天起，你属于我们这个家庭中的一员了”，“从此我觉得有希望了”。传统语法也指出过这些词不能加“了”，但却没有说明不能加“了”的原因，“了”表示时间的观点却能对这一点做出合理的解释。

5.1.6 为什么不能说“他是男人了”？

虽然“了”表示有始点的时间过程，但过程的始点必须后于主体事物存在的始点，比如“他是大人了”就表示他历经小孩子的年龄段之后开始成为大人，但“他是男人了”却不能说，因为“男人”一出生就决定了。也就是说，“男人”的存在始点和主体事物“他”的存在始点一致，并非由某个时候开始成为男人，就因为这个缘故，所以“他是男人了”不能成为合乎逻辑的表述。当然，如果他原是中性人，经过手术之后才变为男性，那么也就可以说“他原是中性人，经过变性手术之后，他是男人了”。

5.1.7 为什么语法界把“了”分成“了$_1$”和“了$_2$”？

“了”的句法位置有两个，一是句中，一是句尾。因为主观上觉得意义不同，所以语法界便把句中“了”称为“了$_1$”，把句尾“了”称为“了$_2$”。但是语法界只看到两个“了”的差异性，却没有看到它们的同一性，这显然是片面的。从以上论述可以看出，“了$_1$”和“了$_2$”的同一性就是都表示时间过程，不同的是，“了$_1$”表示处于过去时域的时间过程；“了$_2$”或表示开始于现在时刻的时间过程，或表示跨越现在时刻的时间过程，总之是未终止的时间过程。也就是说，其终止点在将来时域，于是“了$_1$”就能够表示过去时；“了$_2$”就能够表示开始时和进行时。这些都是形象化的观点，由此可见，形象化的观点所认为的差异也不同于现在语法界所认为的差异，而且形象化的观点确实能够符合人们的语感。

由于过去时域的时间过程已脱离现在时刻，于是就可以立于现在时刻而用语词对其进行回忆性的表述，其结果就使得“了$_1$”后面能够接表示说明或评价的词语，“了$_1$”之所以成为句中“了”就是这个原因。未终止的时间过程是开放的，其终止点尚在将来时域，这也意味着“了$_2$”的后面不能接任何表示说明或评价的词语，当然就成为句尾“了”了。由此看来，“了$_1$”和“了$_2$”的句法位置就是时间过程在时间轴上分布的反映，这显然是一种形象化的结构。

5.1.8 “汽车撞了人”和“汽车撞人了”两句有何异同？

“下雨了”既表示“下雨”的开始，也表示“下雨”的持续，“下了雨”则表示“下雨”终止，可见“下雨了”和“下了雨”在语义上是不同的。然而“汽车撞人了”和“汽车撞了人”却基本同义，按照传统的观点是难以理解的，但按照“了”是表示时间过程的观点则很好理解。因为撞人的过程极短，几乎是一开始就完成了，也就是说，始点和终点之间无持续过程，“撞人了”是撞人的始点表述，“撞了人”是撞人的终点表述，因为始点靠近终点，因此“汽车撞人了”和“汽车撞了人”几乎有同样的意义。但二者在语用上却有所差异，因为句中“了”表示终于过去时域的时间过程，句尾“了”则表示撞人这个行为完成后至说话时刻的时间过程。也就是说，“汽车撞了人”用于事后的表述，“汽车撞人了”用于当时或事后接着的表述。因此，“了$_1$”和现在时刻脱节，“了$_2$”和现在时刻相连，所以“了$_1$”表示事件发生在远时点，“了$_2$”表示事件发生在近时点。正因为如此，所以“汽车撞人了”就能表示“汽车撞人”所造成的影响还在延续，也就是被撞者可能还未得到处理。同样的道理，失火时的呼叫为“失火了”，而不是“失了火”，也因为句尾“了”能够表示事件所造成的影响还在延续，也就是火在继续燃烧。

5.1.9 外国学生为什么用不好句尾“了”？

(1)到北京才四个月，我已经收到七八封信。

(2)几年没见，弟弟长得可高！

(3)批评了他以后，他努力学习。

(4)他们俩早就来这儿。

(5)二十号我们开始了上课。

以上是外国学生造的五个句子，中国教师一看就知道都是有问题的句子。问题就在于前四个句子应当有句尾“了”，第五个句子的“了”不应当放在句中，也应当放在句尾。

外国学生之所以不会用句尾“了”，归根结底还是由于他们没有真正弄清楚句尾“了”的意义，而且加“了”的作用也似乎不太明确。不过这也难怪，因为汉语语法一直把“了$_2$”解释为语气词，语气词当然不会影响语义，只影响语气。其实，句尾加“了”是表示情状会继续下去，这种意义就来自句尾“了”是表示正在持续的时间过程。如果能使外国学生理解到这一点，相信他们也就敢于大胆使用句尾“了”了。比如以上各句，收到七八封信后可能还会继续收到信，弟弟也会继续再往上长，他也会继续努力学习，他们俩来这儿之后就会继续在这儿存在下去，这些隐含义都应该用“了$_2$”表示。此外，“上课了”或表示上课的开始，或表示上课的继续，“开始上课了”则指明是上课的开始，所以上面句(5)中的“了”应当放在句尾，也就是将句中“了”变为句尾“了”。

5.1.10 “了$_1$”后面可以跟哪些词？

总的来说，“了$_1$”后面所跟的词语应当和“了$_1$”及其前面的词语在意义上有关联，具体地说，也就是或者说明“了$_1$”，或者与“了$_1$”之前的动词有相互依存的统一关系。如果将其归纳一下，就可以看出大致能够跟这样一些词：

①后面跟表示施动对象的词，施动对象也就是受事，如“吃了饭”中的“饭”是“吃”的受事，“我写了一封信”中的“一封信”是“写”的受事。由此可见，受事就是完成的事物，为了说明这一点，就将表示受事的名词跟在“了$_1$”后面，“了$_1$”前面的动词则表示完成的动作。其实问题还可以这样来理解：动态动作的完成就意味着受事达到极值，如果把极值用0和1表示，则极值为0就表示事物消失；极值为1就表示事物出现。极值是0还是1只能靠主观判断，在语言中是不会表达出来的。判断的依据则是生活中事物变化的逻辑，比如说，“吃了饭”就暗示饭的极值已达0；“修了铁路”就暗示铁路的极值已达1。

②后面跟表示自动动作主体的词，如“下了雨”中的“雨”是“下”的主体，“沙发上坐了一个人”中的“一个人”是“坐”的主体。之所以能够如此是因为自动动作和动作主体本来就有着相互依存的统一关系。

③后面跟表示状态主体的词，如“瞎了眼”中的“眼”是“瞎”的主体，“红了半边天”中的“半边天”是“红”的主体。状态和状态主体也有着相互依存的统一关系。

④后面跟表示时间的词，时间词是用来说明时间过程的长短，所以是对“了$_1$”的说明，如“这本书看了三天”中的“三天”就是对“了$_1$”的说明，“他醉了一个晚上”中的“一个晚上”也是对“了$_1$”的说明。

⑤后面跟表示数量的词，如“买了两斤”中的“两斤”，“他一小时走了六公里”中的“六公里”。其实数量词的后面还可以再跟具此数量的事物名词，如“买了两斤酒”和“他一小时走了六公里路”。

⑥后面跟表示动量的词，如“我去了两次”中的“两次”，其实数量和次数也应看作是对动作完成的说明。和上面一样，也可以再跟表示动作目的的词，如“我去了两次北京”。

⑦后面跟表示动作效果的词，如“跑了一身汗”中的“一身汗”是“跑”的效果，“吓了一跳”中的“一跳”是“吓”的效果。

⑧后面跟表示状态范围的词，如“大火照红了半边天”中的“半边天”是“红”的范围，“脸上青了一大块”中的“一大块”是“青”的范围。

以上所述是一般的情况，但也有特殊情况，比如说，虽然“吃食堂”能够成立，但“吃了食堂”就不能成立。

5.1.11 为什么不能说“吃了食堂”，但是却可以说“吃了三年食堂”？

“吃食堂”确是体现了“吃”和“食堂”的统一性，但这种统一性不体现于“吃”对“食堂”的支配，而体现于“吃”对“食堂”的依赖。诚然，“吃了”表示“吃”已经完成，对饭而言这种完成是必然的，因为被支配的事物“饭”消失了，用不着再吃了，“吃了饭”便是这种情状的表述。然而“吃”的必然完成却不存在于“吃食堂”，因为食堂是不会受“吃”的支配的，所以“吃了食堂”便不能成立。但是如果人为地给以时间的限定，“吃”就可以因为完成了给定的时间而终止，也就意味着此后的“吃”可以脱离对食堂的依赖，于是“吃了三年食堂”也就可以说了，“三年”便是对“了”进行说明的给定时间。由此类推，“吃了高利贷”、“吃了父母”和“吃了农村粮”之类的话也都不能说，“吃了三年高利贷”、“吃了三年父母”和“吃了三年农村粮”才能说。由此可见，对汉语的解释也要像中医治病一样，中医讲求辨证论治，汉语也要讲求辩证论解。

5.1.12 为什么要说“下了三天雨”？而不能说“下了雨三天”和“下雨了三天”？

既然汉语是形象化的语言，词序的排列自然也就要和现实的时间顺序相对应，这就是所谓的时间原则。就所给的问题来看，“下了雨”表示下雨完成，如果是表示雨下了三天，那么“三天”就应当放在“雨”之前而成为“下了三天雨”，这种排列就意味着“三天”是雨停之前的时间过程。如果是雨停之后已经过去了三天，也就是三天之前停的雨，就应当表述为“下了雨三天了”，句尾“了”就表示雨停止三天以后的时间继续延伸，可见这个句尾“了”是少不得的。

如上所述，“下雨了”的“了”表示正在持续的时间过程，可想而知，下雨过程尚未终止，在未终止的过程之后又注上表示过程的时间岂不矛盾？可见“下雨了三天”不符合语言逻辑，因而不能成立。如果将其归纳为定则，那就是，正在进行体不能后跟时间词。然而值得注意的是，外国留学生经常会造出类似的病句，比如“我们洗澡了一个小时”，“她生病了三个星期”，也就是因为“洗澡了”和“生病了”都表示行为正在进行，由于过程尚未终止而不能后接时间词。

5.1.13 “了$_1$”和“了$_2$”同现的形象意义是什么？

如上所述，“了$_2$”也表示跨越现在时刻而仍未终止的时间过程。如果把过程中已过现在时刻的部分看成是已终过程而用“了$_1$”表示，那么，新的“了$_2$”就变成了表示从现在时刻开始的时间过程，这样一来，继续便可以看作是过程已终后的重新开始。比如说，“下雨了”的“了”可能表示三天以前开始的时间过程，于是“三天”便可用“了$_1$”表示而写成和“了$_2$”的同现句“下了三天雨了”，显然，此句的“了$_2$”表示开始于现在时刻的时间过程，而“了$_1$”则表示终止于现在时刻前一点的时间过程，于是两个过程便在现在时刻衔接。其实也可以用分解的办法来说明问题，那就是，将“下雨了”中的“了”分解成“了$_1$”+“了$_2$”，“了$_1$”表示“下雨”从过去时域中的始点到现在时刻为止的时间过程，“了$_2$”表示从现在时刻开始的时间过程，如果用“三天”来说明“了$_1$”，那么，语言的表述便是“下了三天雨了”。

持语法化观点的人可能不承认两个过程在现在时刻衔接是“了$_1$”和“了$_2$”同现的根本原因，但是“这本书看了三天了”表示书仍在继续看却是不争的事实，而且“爷爷死了三年”不能成立，“爷爷死了三年了”才能成立的事实更说明了以上看法的正确。因为爷爷的死状是会永远存在下去的，如果没有句尾“了”，就意味着爷爷的死状只存在了三年，也就是三年以后没有死状存在的时间过程了，这是不可能的。

“看了这本书三天了”也是“了$_1$”和“了$_2$”的同现句，意思就是这本书看完以后过了三天了。显然此句的意思不同于“这本书看了三天了”，然而如果将“看了这本书三天了”中的“这本书”前移至主语的位置，那么该句也可以变成“这本书看了三天了”，于是就使得“这本书看了三天了”产生了歧义。由此可见，歧义的产生也是可以找到原因的。

5.2　过

《现代汉语八百词》关于“过”的释义之一是认为“过”接在动词后面表示完毕。如上所述，“了”接在动词后面又被认为是表示完成，完毕和完成都可以说明动作已经结束，这样看来，现有的语法很难说清楚“过”和“了”的区别。的确，二者所表现出来的句法意义又相同又不相同，比如“吃过饭”和“吃了饭”基本同义，但“当过兵”和“当了兵”却意义不同，然而“当过三年兵”和“当了三年兵”却又意义相同，而且并不是所有的动词都能加“过”，总之，对于这些语言现象都必须作出令人信服的解释。

5.2.1　“过”的意义是如何虚化的？

“过”本来是表示对空间凸显物的越过，如“过一座桥”，“过一片草地”，这样看来，“过”实际上是一个趋向动词。如果是表示“过”的方式，则可以说“走过一座桥”，“飞过一片草地”，“走”和“飞”便表示“过”的方式，而“一座桥”和“一片草地”则是所越过的固定事物。“过”也可以表示对时间的越过，如“过了一年又一年”。因为存在是事物对空间和时间的占据，所以对一个固定事物（如“一座桥”、“一片草地”）的越过既可以表现为越过该事物所占据的空间，也可以表现为越过该事物所占据的时间（也可以等效地认为就是越过该事物所花费的时间）。如果是前者，“过”就具有空间意义，如果是后者，“过”就具有时间意义，由前者引申到后者便是意义的虚化，不过，这种引申是伴随着对空间事物的越过而发生的。

由于事物所占据的现在时刻不断地向后流逝而成为过去，所以事物就好比是沿着时间轴而不断地前进，这样一来，事物即使在空间不动，也可以表现对时间过程的越过。如果所越过的时间过程就是某一事物存在的过程，那么，该事物就在过程之中存在，过程之后就不存在了，这样看来，“过”也就可以表示对事物存在过程的越过。比如说，“他当过兵”就表示他以“当”的方式越过了一个兵的存在过程，过程之后兵不存在了，他也就因此而不是兵了，“他当过兵”表示现在（也就是说话时刻）不当兵了就是这个道理。“他当过三年兵”表示他当兵的过程为三年，三年后就不当兵了，也就是说，“兵”只存在了三年，他所越过的时间过程是三年，这样看来，“过”实际上已虚化成了一个表示存在的时间过程。然而“他当了兵”却表示兵继续存在到说话时刻，自然就表示说话时刻他还是兵。对比一下就可以看出，“过”和“了”的区别就在于“过”表示事物的经历过程，“了”表示事物的持续过程。这样看来，“过”就表现了时间的封闭性，因而就能够把句子的语境和现在时刻隔断，也就是表现了存在的中断。按照这种观点，“客人来过家里”就表示客人来家后却没有留在家里。这种观点也可以解释为什么“昨天下了一场雨”和“昨天下过一场雨”同义，因为“下雨”是雨的消失过程，“下了雨”也表示雨不存在了，自然就和“下过雨”同义了，这样看来，“过”就有复原之意，也就是过程中所存在的事物和状态在过程之后都不存在了，“过”后的情状和“过”前一样了。比如说“张老头死过一次”就表示张老头的死状存在了一次之后又消失了，也就是又活了；“他俩离过婚”就表示他俩的“婚姻”消失一个过程之后又重现了，也就是又复婚了。由存在回到原来的不存在是复原，由不存在回到原来的存在也是复原，这样看来，表示复原又成了“过”的引申意义，比如“昨天来过电”就表示今天电又停了，这是电由存在回到原来不存在的复原；“昨天停过电”就表示今天电又来了，这是电由不存在回到原来存在的复原。复原就是可逆，由此可见，“过”只能用于可逆过程。人的生长是不可逆的，因此不能说“他长过”，只能说“他长了”。

外国学生经常把“过”放在行为词之后，如“我们见面过”、“我从来没有撒谎过”、“他结婚过两次”，正确的句子应该是“我们见过面”、“我从来没有撒过谎”、“他结过两次婚”。外国学生之所以摆不对“过”在句中的位置，恐怕还是由于没有吃透“过”的意义之故，再加上又受了标记论的影响，自然就不了解“过”的语用意义。

5.2.2 “认识”之类的认知动词为什么不能跟“过”？

“我昨天认识了两个人”是正常的说法，“我昨天认识过两个人”就使人感到别扭，可见“认识”后面不能跟“过”。

如上所述，“过”表示存在的中断，也就是过程之后事物不存在了，然而对事物认识以后所获得的印象是不会自然地消失的，也就是说，印象在主观世界的存在是永恒的，永恒就意味着不可逆，这样看来，“认识”就是一个不可逆动词，因此“认识”后面只能跟“了”，而不能跟“过”。其实根据常识也知道，对于正常人来说，认识了的事情绝不会过一段时间后又会变成不认识。说“认识”是无界动词就是这个道理。这样看来，表示认知的动词如“知道”、“了解”、“明白”、“忘记”、“懂”等后面都不能跟“过”。由此可见，“过”不能简单地视为表示过去时。

5.2.3 “他去了北京”和“他去过北京”有什么区别？

如上所述，“去”的本意是表示从说话人所在的地方到别的地方，“去了”便表示“去”的过程完成，事实上“去过”也表示这个过程完成，然而不同的是，“了”能够表示存在的继续，“过”则表示存在的中断，也就是由存在到不存在的复原，因此，“他去了北京”就表示他去后留在北京，“他去过北京”则表示他没有留在北京，也就是又回来了。同样的道理，“家里来了客人”和“家里来过客人”的不同之处也在于前者表示客人来家后依然滞留在家里，后者表示客人来家后没有滞留在家里，也就是又走了。不过，在“过”字句中要注意一个在过程中存在者的识别问题，比如以上所举的“他去过北京”和“家里来过客人”两句，前一句所表述的过程中，存在者应该是“他”，后一句所表述的过程中，存在者则是“客人”，然而“他”在句中是主语，“客人”在句中却是宾语，由此看来，对汉语的理解不能光凭句法结构，最重要的还是要分析语境。

总之，“了”能表示存在的延续，“过”则表示存在的中断，之所以如此是因为“了”表示开放的时间，“过”表示封闭的时间。因为事物的存在必须占据时间，存在的延续只有在开放的时间中才能实现。如果存在的时间中断了，也就是没有存在的时间了，事物的存在自然就会中断，由此看来，“了”和“过”的句法功能是有分工的。

5.2.4 “我读过这本书”并不表示过后这本书就不存在了，为什么？

“过”也表示过后动作结束，比如“他看过这本书”就表示此后不看这本书了，就因为这一点，有些语法书便把“动词＋过”视为结束体，但这种看法很容易与完成体混淆，因为完成也有结束之意，可见用“体”来说明问题是不严谨的。

动作结束后，动作所涉及的事物可能不再存在，也可能继续存在。状态动词本来就表示事物的存在状态，因此状态和具此状态的事物便有统一性而互相依存，于是，状态的结束就意味着具此状态的事物不存在了。比如说，“住”就表示一种存在的状态，所以“我在北京住过”就表示说话时作为住者的我不在北京了。“看”是一种施加动作，虽然以后不再看了，但是看过的书却依然存在，就好像走过的桥依然存在一样，这就是“我读过这本书”并不表示过后这本书就不存在的道理。不过这一句也可以适用于“这本书”不再存在的语境。这就说明，施加动作结束后，所涉事物是否继续存在，必须另加说明才能定夺。比如“她生过一个孩子，孩子三岁时不幸夭折了”，或“她生过一个孩子，因为无力抚养，孩子从小便寄养在亲戚家”，前一句表示孩子不存在了，后一句表示孩子仍然存在。如果只是说“她生过一个孩子”而不加以补充说明，就不能确定孩子是否仍旧存在。为什么《现代汉语八百词》会认为“他学过英语”可能表示学会了，也可能表示没有学会呢？就是因为“学”是施加的动作，“英语”是学后出现于主观世界的事物，过后不学了，英语便可能因此而不继续存在于主观世界，这便是没有学会，也可能继续存在于主观世界至说话时刻，这便是学会了。这样看来，不加附带说明的“过”字句就有模糊性。

5.2.5 “张三来过”和“张三来过了”在语气上有什么区别？

“张三来过”和“张三来过了”都表示张三来后没有滞留于此，但句尾“了”更表示这种情况的继续保持，保持之意就来自张三不存在于此的时间一直延续到说话时刻，因而就起到了强调张三不再来的作用，句尾“了”常常被看作是语气词就是这个道理。

5.3 着

“着”也被认为是持续体的标记，然而“关着窗户睡觉”和“关了窗户睡觉”同义的事实一直令语法界困惑，看来也只能借助于形象分析了。事实上，“着”虽然也能表示持续体的意义，但却不是通过时间意义来表达，而是通过运动和事物相结合的形象来表达，形象分析用于“着”的解释非常有效就是这个原因。

语言事实表明，“着”也表示动作正在进行，于是语法界便认为“着”是持续体的标记，因此“妈妈读着爸爸的来信”在语义上就可以认为等同于“妈妈在读爸爸的来信”，这种意义是怎么产生的呢？

5.3.1 “着”的句法意义是什么？

不难理解，动作和状态都不能脱离事物而存在，也就是说，动作和状态都必须依存于事物。在中国人看来，这种依存的语言描述可以通过动作和状态对事物的依附来实现，然而用什么词来表示依附呢？

“着”作为动词是表示接触和挨上。通过长期的语言实践，人们便逐渐地感觉到可以用“着”来表示动作和状态对事物的依附，于是在句中便将“着”接于表示依附者的动词或形容词之后。依附自然是表现于现在时刻，因为现在时刻正是事物表演着各种动作和状态的时刻，而现在时刻又总是向前推移，因此“着”就能够表示动作正在进行，状态正在持续，前者如“路上走着许多行人”，后者如“房内亮着一盏电灯”。“走”是人发出的自动动作，“亮”也是电灯的一种状态，将它们分别依附于人和电灯自然顺理成章，然而施事对受事施加动作也可以认为是施事将动作依附于受事，例如“他喝着啤酒”、“她们打着麻将牌”。由此可见，表示依附才是“着”的句法意义。

按标记论的观点，“着”是持续体的标记，于是外国学生就将这个标记也加于行为词之后而造出“我们都鼓掌着欢迎他们”和“我看见他时，他正跑步着”之类的句子，面对这两个句子，教师也只能说“着”的位置错了，应该是“鼓着掌”和“跑着步”，至于其中的道理标记论是说不清的，“着”表示依附的观点却一说就明。

5.3.2 任何情况下的动词和形容词都可以加“着”吗？

依附实际上是把本来无关联的双方统一起来，因此，“着”只能用于统一原来无关联的双方，原来就已经是统一的双方就不需要再用“着”来表示依附了，比如“红”和“脸”本是无关联的双方，但由于害羞便会使“红”突然显露于“脸”，从而认为两者有了统一性，于是在描述中就将“红”依附于“脸”而说“她红着脸低声地说”。熟了的番茄本来就是红的，也就是说，“红”和熟了的番茄先天就是统一的双方，用不着在描述中再用“着”表示依附，因此不可以说“菜园里红着许多番茄”，只能说“菜园里红了许多番茄”。

因为依附者和被依附者双方不存在内在的统一性，所以由于依附而导致的结合就可以重新分开，重新分开就意味着依附者会自动消失，比如说，由于害羞而变红的脸就可以在一段时间后消去“红”而恢复原貌，然而红了的番茄就不会失去“红”而重新变青，这说明“红”和“脸”统一后可以重新分开，“红”和“番茄”统一后不会重新分开，于是依附者能不能重新消失也就可以作为能不能加“着”的一个原则。按照这个原则，自然就允许用“着”表示“红”对“脸”的依附，而不允许用“着”表示“红”对“番茄”的依附。又比如，“活”和“死”分别是人的两种状态，然而可以说“活着一个人”，却不能说“死着一个人”，原因也在于“活”可以自动消失而使人变成“死”，但“死”却不能自动消失而使人变成“活”。可以说“亮着一盏灯”，却不能说“黑着一盏灯”，也是因为“亮”久了可以自动变黑，但黑绝不会自动变亮。人的认知和领悟也不会自动消失，比方说，认识了的真理不可能又回到不认识，明白了的道理不可能又回到不明白，因此，“认识着这个问题的重要性”和“明白着一个道理”都不能说。其实，表示认知和领悟的动词都是无界动词，自然是不能接“着”的。其他如“知道”、“清楚”、“懂得”、“记住”、“觉悟”、“醒悟”、“觉得”、“认为”、“以为”等都是无界动词，也都不能接“着”，如“知道着”、“清楚着”、“懂着”等都不能说。此外，因果动词也不能加“着”，如“看见着一只飞鸟”、“救活着一个人”、“砍倒着一棵树”都不能成立，因为因果动词没有持续性，结果一旦出现，动作就立即停止，停止动作就意味着事物脱离了动作，当然就不能加“着”了。总之，不是任何动词和形容词都可以加“着”，只有能表现可逆性的动词和形容词才能加“着”，而且可逆性也是相对于被依附者的事物而言，比如“红”对于脸有可逆性，对于番茄一类的水果就没有可逆性，因此，可逆性是否存在也要具体分析。

在教学中说明“着”的语用原则很有必要，然而这又和形式语法，特别是标记论严重对立。不过，为了扩大眼界，还是可以引进形象分析作为教学参考。

5.3.3　为什么趋向动词不能加“着”？

趋向动词“上”、“下”和“去”是表示事物的趋向，并不表示具体的动作（“下雨”的“下”不属于趋向动词），当然就不能表现出独立的空间特征而作为事物的依附者，因此“上着楼”、“下着山”和“去着北京”都不能成立，只有前置一个表示具体动作的动词才能加“着”，但也不能加在趋向动词之后，而要加在前置动词之后，比如“跑着上楼”、“哭着下山”和“乘着飞机去北京”。此外，“上”和“下”也常常作为结果与其他自主动词结为因果词，当然就更是不能加“着”了。“来”和“到”表示趋向的终止，自然也不能加“着”。至于“起来”、“上来”、“上去”、“下来”、“下去”常常表现为前置动词的效果，当然也是不能加“着”的。总之，能表现出空间特征的动词才能加“着”。

5.3.4　为什么可以说“坐着一个人”，而不能说“笑着一个人”？

“坐”表示人的一种存在状态，自然可以将其依附于人而描述为“坐着一个人”。“笑”虽然也是人的动作，但却是人的脸部表情，或者说是脸的状态，因此不能将其依附于人而描述为“笑着一个人”，但却可以将其依附于脸而描述为“笑着一张脸”，不过经常说的口语却是“厚着脸皮”，其中的“厚”便表示脸皮的状态。

5.3.5　为什么“关着窗户睡觉”和“关了窗户睡觉”有相同的语义？为什么“台上坐着主席团”和“台上坐了主席团”也基本同义？然而“他吃着苹果”和“他吃了苹果”的意义为什么却又不同？

“开”和“关”是窗户的两种状态，“开着窗户”和“关着窗户”体现了这两种状态对窗户的依附，自然就表示窗户分别是处于“开”和“关”的状态之中。然而状态的形成也是一个动态过程，“关了窗户”便表示由“开”到“关”这个动态过程的完成。动态的完成便是静态的开始，开始了的静态自然就会持续下去，于是“关了窗户”便也表示窗户是处于“关”的状态之中。既然“关着窗户”和“关了窗户”都表示窗户处于“关”的状态，自然就导致“关着窗户睡觉”和“关了窗户睡觉”有同样的意义了。根据同样的推理，“开着窗户睡觉”和“开了窗户睡觉”也有同样的意义。然而“吃了苹果”和“吃着苹果”的意义却不相同，前者表示苹果吃完了，后者表示苹果正在吃，之所以有如此的差别，原因就在于“吃”是动态动词。动态动词所表示的动作自然是动态动作了，根据以上所说的道理，动态动词加“了”表示完成，但动态动作依附于事物却表示动作正在进行，因此就可以得出这样的结论：“着”和“了$_1$”加于静态动词之后有相同的语义，加于动态动词之后则语义不同。“坐”是静态动词，根据所述的结论，“台上坐着主席团”和“台上坐了主席团”的意义自然也就相同了。

5.3.6 为什么同时发生于一个人的两个动作也可以用“着”表示依附？

两个动作虽然同时发生于一个人，但也有主次之分，可以认为次动作是依附于主动作而发生，于是便可以将“着”加于表示次动作的动词之后，以表示对主动作的依附。比如“站”和“吃”同时发生于一个人，“吃”就是主动作，“站”则是表示姿态的次动作，于是就可以表述为“站着吃饭”。“躺着看书”也表示“躺”和“看”同时发生。然而值得注意的是，同时发生于一个人的两个动作之间也有内在联系的有无之分。一般说来，同类动作才有内在联系。比如，“站”和“吃”就不是同类动作，所以没有内在联系，“走”和“来”都指称空间运动，是同类动作，因而有内在联系，就因为这些原因，所以不能说“站吃”，而要说“站着吃”，然而却可以说“走来”，反而不能说“走着来”。其实“走”和“来”并不是两个独立的动作，“来”是表示“走”的趋向，两者的关系是运动和方向的关系，这种关系当然是内在的。总之，同时发生的动作必须无内在联系才允许加“着”，如“躺着看”、“走着瞧”。此外，“着”还可以用来表示动词对“把”字句的依附，如“她笑着把眼睛瞟了我一下”，也是因为“笑”和“瞟”之间没有内在联系之故。

5.3.7 有人在网上问，为什么作家在描写月色当空的夜景时只能说“天空挂着月亮”，而不能说“天空挂了月亮”？

这个问题也体现了“着”和“了$_1$”在语用上的区别。语言事实是，“了$_1$”本来就表示一个有时间起点的过程，因此“天空挂了月亮”自然就意味着月亮是从过去的某个时刻开始挂上去的，这当然有悖于常理，常理是，月亮存在于天空是没有开始时刻的。“着”只表示动作和事物、状态和事物在现在时刻上的统一，不牵涉到始点的有无，因而以上这种情景自然就最适宜用“着”字结构“天空挂着月亮”来描述了。

5.4　在

《现代汉语八百词》称“在”是表示动作正在进行的副词。“着”也表示动作正在进行，所不同的是，“在”在动词的前面，“着”在动词的后面。其实，把“在”放在动词的前面倒并不因为它是副词，而是和“着”一样，也是出于形象化的需要，何况汉语的词本来就没有固定的词性。

已经有一个表示正在进行的“着”，为什么还要一个表示正在进行的“在”呢？看来说明这个问题很有必要，否则教师和学生都会犯糊涂。

5.4.1　“在”的本质意义是什么？

关于“在”的传统解释是，“小鸟在树上”的“在”是表示“存在”的动词，“小鸟在歌唱”的“在”是表示“正在”的副词，然而“小鸟在树上歌唱”的“在”是什么词呢？如果是动词，“正在”之意还有没有？如果是副词，“存在”之意还有没有？总不能说同一个句子中的“在”既是动词，又是副词吧！

其实传统语法的解释不能看作是真正的理性解释，而应看作是对语言现象的描写，描写的根据则是人们的语感，特别是描写者自己的语感。以上描写自然是符合人们的语感的，但是用动词和副词的概念来解释却不能使人信服。

根据《现代汉语词典》的解释，存在就是事物持续地占据着时间和空间。如果认为“小鸟在树上”表现了小鸟对树上的占据，那么“在”就表示对空间的占据了，由此看来，“小鸟在树上”确实表示小鸟存在于树上。

根据存在的定义，“在”自然也表示对时间的占据。“正在”的意思就是存在于正当说话的时刻。说话时刻也就是现在时刻，既然“在”也表示对时间的占据，那么“正在”就意味着对现在时刻的占据了,于是,对现在时刻的占据就能够表示为“正在”了。我们知道,现在时刻就是事物进行动作的时刻,由此可见,对现在时刻的占据就等同于对动作的占据,于是,对现在时刻的占据也就可以转化为对动作的占据。其实,从哲学意义上来说,事物对动作的占据就表现了事物和动作的统一。把“在”前置于动词便可以表示对动作的占据,这样一来,前置于动词的“在”便因此而有了正在之意。由此看来,“小鸟在歌唱”确是表示小鸟正在歌唱。正是因为“在”有着统一的占据之意,所以“小鸟在树上”和“小鸟在歌唱”便能够合并为“小鸟在树上歌唱”。由此可见,“小鸟在树上歌唱”的“在”确是既有存在之意,也有正在之意,显然,这两种意义并不来自“在”的词义,而是来自“在”所表示的对时空和动作的占据之意。

“在”的占据义不但能统一“存在”和“正在”表现在同一个句子之中的矛盾,而且还能解释“他喜欢在吃饭的时候看书”这类句子成立的道理,因为“在”也表示对时间的占据,所以该句的隐含义是:他喜欢使看书的行为占据着吃饭过程的时间。

“在”也可以用来表示对主观空间的占据,如“看在眼里”、“记在心上”、“印在脑中”,“在”前面的动词实际上都表示占据主观空间的前因或方式。

“在”的占据之意也可以引申到表示限定于某一个方面,比如,“我们在工作中取得了很大的成绩”就表示成绩只限于工作方面。

以上所述表明,“在”的占据之意的说服力是比较强的,因而可以认为,表示占据才是“在”的本质意义。

要说明的是,表示占据是“在”的形象意义而不是词义,形象意义只影响句子的形象,而不影响句子的基本语义,因此,省去“在”的句子照样能够说得通,比如,“张三在闹市飙车”就可省去“在”而说成“张三闹市飙车”。事实上,近古汉语就很少用“在”,但意思照样明白,比如大家都知晓的京剧名称“萧何月下追韩信”就省去了“在”。现在的很多新闻标题也多省去了本该出现的“在”,不少语言学者对于“在”能够省去而不影响基本语义的问题很不理解,其实也是因为“在”只表示形象,而不会影响语义,省去这类虚词可以简化标题,是符合经济性原则的。

5.4.2 “在……上”、“在……下”、“在……内”和“在……的时候”等框式结构有何语用意义？

问题可以这样来理解：谈论时空占据必须要首先确定占据之点，而占据之点又是相对某一参照点而言。空间的参照点必须是空间的固定事物，参照点就摆在框式结构之内，如“在河上”、“在树下”、“在屋内”，其中的“河”、“树”、“屋”便是谈论空间占据的参照点。时间的参照点往往是行为动作或历史事件，如“在吃饭的时候”、“在国共合作时期”，“吃饭”和“国共合作”便是谈论时间占据的参照点。上述框式结构也可推演到认知领域，不过对于认知来说，以上框式结构的语用意义并不相同。一般来说，摆在“在……上”中的词语表示关涉点，摆在“在……下”中的词语表示限定的条件，最简单的表述为“在这一点上”、“在这种条件下”。通常都后接一个词组，比如“在思想认识上有了极大的提高”，“在原则下的灵活运用”，前一句的“思想认识”就是“有了极大提高”的关涉点；后一句的“原则”便是“灵活运用”的限定条件。

5.4.3 在什么情况下“在”可以不要搭配词？

去掉方位词“上”之后的“小鸟在树歌唱”显然是讲不通的，但是“小鸟在天空飞翔”和“我在食堂吃饭”没有方位词与之搭配都讲得通，其中的道理可以这样来理解：树是实体事物，其周围才是可占据的空间，方位词又将周围具体化，就因为这个缘故，配以方位词“上”才能接受小鸟的占据。天空本身就是空间，自然可以被事物占据。食堂本是供人用餐的处所，处所的特点是对事物有容纳性，就因为这个缘故而可以不加“内”。总之，对处所的占据都可以不加方位词，除非语用上的需要，如“由于用餐的人太多，我只好站在食堂门口吃”。

“界”本为职业、工作或性别等相同的社会成员的总称，自然也有宽广的包容性，所以“在”用于对“界”的占据时也可不用方位词，如“他在科学界享有极高的盛誉”。

5.4.4 “教师在黑板上写字”也可以认为是“教师在黑板上”和“教师在写字”的合成吗？

的确，“小鸟在树上歌唱”可以认为是由“小鸟在树上”和“小鸟在歌唱”两个小句合成，而且“我在教室内读书”也可以认为是由“我在教室内”和“我在读书”两个小句合成，然而“教师在黑板上写字”就不能认为是“教师在黑板上”和“教师在写字”的合成了，原因就在于教师并不存在于黑板上，而是字存在于黑板上。此外，“写字”和“读书”还有一个最大的不同，那就是：书在读之前就已经存在，然而字在写之后才存在于黑板，于是“教师在黑板上写字”也可以说成“教师写字在黑板上”，更可以说成“把”字句“教师把字写在黑板上”。然而“我在教室内读书”既不能写成“我读书在教室内”，也不能写成“把”字句“我把书读在教室内”。因此，“教师在黑板上写字”可以认为是由“教师在写字”和“字在黑板上”两个小句合成，能合成就是因为两个“在”都有同样的占据之义。

5.4.5 为什么表示宾语存在的“在”也可以接在主语之后？

“我在教室内读书”的“在”接在主语之后自然不难理解，因为此“在”确实表示了作为主语的“我”的存在，然而“教师在黑板上写字”的“在”也接在主语之后却令人费解，因为此“在”是表示作为宾语的“字”的存在，而不是作为主语的“教师”的存在。不过问题可以这样来理解，施事占据空间的目的与其说是为了自身的存在，倒不如说是为了实施自己的动作，因此，占据受事所处的空间才是最重要的。受事所处的空间可能就是施事所处的空间，也可能不是，比如“他在地上写字”，他和字都存在于地上；“他在黑板上写字”，字存在于黑板上，他却不存在于黑板上，但他的手却占据了黑板。又比如“他在显微镜下观察细菌”，显然，存在于显微镜下的是细菌，而不是他，但他的视线却投向了显微镜下，这也是对显微镜下的占据，这样看来，为了实施动作，首先占据受事所处的空间就是必要的了，于是人们就将“在”接在主语之后。总之，施事为了自身的存在必须占据空间，为了施动作于受事就必须占据受事所处的空间，两种情况都说明“在”必须接在主语之后，这样看来，将“在”接在主语的后面就有一般性。

5.4.6 为什么“在”不能放在句首？

“在下午4点我开始锻炼身体”之类的句子出自外国学生之口，中国人当然知道这是一个病句，问题就出在“在”不能放在句首，其缘由可以这样来理解：因为“在”表示占据，所以在其前面必须要出现表示占据者的名词。显然，以上所举的例句中，占据者是“我”，如果将“我”前移至句首，则“我在下午4点开始锻炼身体”就通顺了。因为对时间的占据有唯一性，也就是说，对时间的占据不一定非得要用“在”表现出来，所以其中的“在”也可以不用，如“我下午4点开始锻炼身体”。

对空间的占据也必须首先指出占据者，如“红绿二队正在操场上进行比赛”。如果不知道占据者，也不能说“正在操场上进行比赛”，而应当说“操场上正在进行比赛”，显然，该句把“操场上”当作了主语，不过是假借的主语。

5.4.7 “孩子在床上睡”可以说成“孩子睡在床上”，为什么“孩子在床上玩”却不能说成“孩子玩在床上”？

如上所说，将“在”接在主语的后面有一般性，因此“孩子在床上睡”和“孩子睡在床上”都是合格句。“睡”可以认为是占据空间的一种方式，于是“孩子睡在床上”便表示孩子以“睡”的方式占据着床上。其他如“坐”、“站”、“躺”都可以作为占据的方式，因此“坐在沙发上”、“站在广场上”和“躺在床上”都能够说。“玩”不能作为占据的方式，当然就不能放在“在”的前面而说成“孩子玩在床上”。

5.4.8 为什么“在”和“了$_1$”不能搭配？

语言事实是，“他在吃了饭”和“天在下了雨”都不能说，“他在吃饭”和“天在下雨”才能说。用“在”的占据说可以这样来理解：对动作的占据只能表现在动作过程之中的时间点上，如“我推门进去时他正在看书”，进去时刻就是看书过程中的一个时间点。如果不加以说明，对动作的占据就总是表现在处于过程之中的现在时刻，过程完了就意味着占据结束，因为“了$_1$”表示过程已完，所以“在”不能和“了$_1$”搭配。由此也可以联想到“在”不能后接“认识”、“知道”、“了解”、“明白”等表示结果的动词，如“我在知道你是一个好人”、“我在了解你的意思”

都不能成立。也不能后接因果词，因为因果词表示过程的结果，因此“正在看见”、“正在打倒”都不能成立。

5.4.9 为什么“在”后不能跟瞬间动词？

因为瞬间动作没有持续性，自然也就没有持续过程，所以瞬间动词不能接在“在”的后面，如“老头在死”、“他在发现秘密”、“他在打碎杯子”都不能成立，因为“死”、“发现”和“打碎”都是瞬间动词。不过，连续的瞬间动作也可以被认为有持续性，因而能用“在”表示对其占据，如“他不停地在打碎杯子”就可以成立。

5.4.10 用“了$_2$”表示的正在进行时和用“在”表示的正在进行时有什么不同？

的确，用“了$_2$”和“在”都可以表示正在进行时，差别就表现在语用上。因为“了$_2$”表示一个开放的时间过程，所以用“了$_2$”表示的正在进行时就强调动作或行为仍在继续。“在”表示占据处于动作或行为过程中的现在时刻，而现在时刻又总是不停地向前推移，所以用“在”表示的正在进行时就强调主语正处于动作或行为过程之中。正因为“了$_2$”和“在”都可以表示正在进行时，所以“了$_2$”和“在”就不必同时出现，因此“他在吃饭了”就不大顺畅。由此也可以看出，汉语的时态形式没有唯一性，印欧语的时态形式有唯一性，比如英语的现在进行时的形式只能是“be＋现在分词”。这是英汉语各自的特点，不能因为汉语的时态形式没有唯一性就认为汉语的语法化程度不高，因而是不完善的语言。汉语的演化方向是形象化，而不是语法化。因为形象和观察视角有关，所以形象没有唯一性。

5.4.11 “在”和“着”为什么能够同现？

如上所述，用“在”表示的正在进行时强调事物正处于动作或行为过程之中，然而用“着”表示的正在进行时则能强调事物在现在时刻的表现。可见两种进行时还是有语用上的差别的。从哲学的角度看，事物对动作的占据表现了事物和动作的统一，动作对事物的依附则表现了动作和事物的统一，如果令前后两个事物分别处于主宾的位置，则两种统一互不干扰，这就意味着“在”和“着”可以同现于一个句子，如“他正在吃着苹果”，此句首先用“在”表示“他”和“吃”的统一，然后用“着”表示“吃”和“苹果”的统一。尤其是当“在”是表示主语对空间的占据时，“在”和“着”的同现更是必然，如“他坐在沙发上读着一本刚送来的杂志”。当然该句不用“着”也是可以的，但是加了“着”之后就更能凸显“读”的持续意义，也就是由于两种统一串接而能起到强调的作用。

5.5　的

“的”在现代汉语中是一个使用频率非常高的字，而且其句法意义也似乎不会受到太大的质疑。在人们心目中，“的”似乎相当于英语的“of”，然而“of”可以在同一个句子中出现多次，“的”在同一个句子中出现多次就会使人感到别扭，可见把“的”比拟为“of”不完全正确。然而现代汉语的“的”与古汉语的“的”又找不出意义上的联系，这样看来，有必要用严谨的论证揭示“的”中所蕴涵的奥秘。

5.5.1　“的”是定语标记吗？

学界关于“的”的看法不一，但是较一致的看法是认为“的”是一个定语标记。这种看法看似符合人们的语感，如“这是新买的书”就是用“的”使“新买”成为定语。因为形容词本身就可以作定语，所以形容词后面的“的”用与不用的意思都差不多，如“这是一本新的书”和“这是一本新书”的意思就基本一样，然而句尾“的”的表现就不一样了，如“这匹马的颜色是白的”说得通，“这匹马的颜色是白”就说不通，“白”是形容词，照说是可以不加“的”的，然而加与不加却造成了如此大的差别，可见定语标记的说法还是难以全面地解释语言事实。于是就有人提出另一种看法，认为句尾“的”是名词化的标记，这样看来，句中“的”和句尾“的”就要分别对待了。其实分别对待就说明看法的片面性，而片面性的产生则说明标记论不能用来解释“的”，也就是说，不能把“的”看作是一个定语标记。

5.5.2　“的”的形象意义是什么？

有个奇怪的语言现象，那就是，“我的儿子”可以去掉“的”而说成“我儿子”，但“我的学生”却不能去掉“的”而说成“我学生”，而且把“中国人”说成“中国的人”反而不顺畅，这就给了我们这样的启示：“我的儿子”之所以能说成“我儿子”是因为“我”和“儿子”之间有内在的亲缘联系；“我的学生”之所以不能说成“我学生”是因为“我”和“学生”没有任何内在联系；“中国人”之所以说成“中国的人”反而不顺畅是因为后者不能凸显“人”和“中国”的内在联系。这样看来，“的”似乎是一个中介词，其作用就是把不能表现出内在联系的前后词语统一起来而构成“的”字词组。这种作用是如何实现的呢？这就要探讨一下“的”的形象意义了。

其实“的”是表示泛指的事物，这样一来，“的”就是一个泛指的名词了。泛指的事物当然没有任何特征，于是，泛指名词只有用词语限定其外延才能变成类指名词，然后再用词语确定其内涵才能变成确指名词，比如，用“美丽”限定“的”的外延就变成了“美丽的”，再用“姑娘”确定其内涵就变成了“美丽的姑娘”。“的”是泛指，“美丽的”是类指，“美丽的姑娘”才是确指。由此可见，完整的“的”字词组既有限定语，也有确定语，自然就使“的”处于句子之中了，所谓句尾“的”就是没有确定语的“的”字词组，由此可见，句中“的”和句尾“的”只是位置的不同，句法意义是一样的。“我儿子是的”不能成句，因为“的”是泛指，不能表达确定的意思；“我儿子是北京大学的”可以勉强成句，但意思仍然不明确，因为“北京大学的”是类指；“我儿子是北京大学的学生”的意思才明确，因而能够成句，因为“北京大学的学生”是确指。

有时候句尾“的”是指代主语，如“药是我昨天才买的，怎么就过期了呢？”正因为句尾“的”指代作为主语的“药”，所以就可以将“药”作为确定语而移于“的”之后，如“是我昨天才买的药，怎么就过期了呢？”由此可见，说句尾“的”是名词化的标记是有道理的，但是不够全面，尤其不能说是标记。

以上论述可以归结为这样的认识，即两个词语如果能够表现出内在的联系，如“我”和“母亲”，就可以直接组合而不用“的”作为中介词，如“我母亲”。其他如“机械工人”、“语言学学者”，也都是因为有内在联系之故。这也符合汉语按内在联系来安排词序的原则。如果两个词语不能表现出内在的联系，则设置一个泛指名词“的”，于是就先使一个词语和泛指名词“的”发生内在的限定联系，如“刚买的”、“在北京工作的”，然后再使其和另一个词语发生内在的确定联系，如“刚买的药”、“在北京工作的李先生”，这就是“的”的语用意义。这种意义早已为人们所感知，但却没有被人们认知。其实“的”的设置本来就是人们的创造，当然也可以说是汉语发展的必然结果，可见人们的创造力才是语言发展的动力。

5.5.3　为什么把“是……的”称为焦点结构？

因为“是……的”已凝固成一个固定的框式，而全句的焦点就放于其中，所以就有学者称其为焦点结构。其实所谓的焦点，就是全句要说明之点，如“这支铅笔是我的”、“阿Q正传是鲁迅写的”和“这张画是我从旧货店买来的”，“我”、“鲁迅写”和“从旧货店买来”分别是其中的焦点。显然，这个焦点就是“的”的限定语。

5.5.4　二“的”联用的原则是什么？

一般来说，最佳的选择是一个句子只出现一个“的”，但是为了需要也可以有条件地允许两个“的”在同一个句中出现。这个条件是：第一个“的”字组的确定语不得充当第二个“的”字组的限定语。比如“画中展现了北京的四合院的独特风格”这一句中，“四合院”本是第一个“的”字组的确定语，却又成了第二个“的”字组的限定语；又比如鲁迅的《孔乙己》中有一句“鲁镇的酒店的格局”也是如此，“酒店”是第一个“的”字组的确定语，也成了第二个“的”字组的限定语。一个句子出现两个“的”多半是因为两个“的”字组相连接而造成的结果。如果第一个“的”字组的确定语成了第二个“的”字组的限定语，这样的连接可以称之为串联。尽管从语感上觉得两个“的”字组串联的句子不合汉语的习惯，但这种句子在现代人的用语中却屡见不鲜，尤其是外汉译文中这种句子更是大量地出现。究其原因，还是由于很多人都把“的”看作是定语标记，其功能相当于英语的“of”，既然可以在一个英语句子中连续地出现多个“of”，于是便想到多个“的”也应该可以连续地出现于一个汉语句子中，然而这种机械的照搬却是对汉语的损害，以至于这样的句子总是令人感到别扭而不得不认为是病句。笔者认为修改这种病句的办法有两个：①补加适当的语词，使之作为第二个“的”字组的限定语。比如上面所举的第一个例句中就可以补加“在建筑上”，以此作为第二个“的”字组的限定语，如“画中展现了北京的四合院在建筑上的独特风格”；第二个例句中也可以用“在布置上”作为第二个“的”字组的限定语，如“鲁镇的酒店在布置上的格局”。这样一改，句子依然是二“的”连用，但却显得通顺多了，原因就是打破了二个“的”字组之间的连接方式。其实，“在建筑上”也是对“四合院”的限定，“在布置上”则是对“酒店”的限定，这就等于把后面的“的”分别和“四合院”与“酒店”联系起来了。②取消其中一个“的”，结果就成为“画中展现了北京四合院的独特风格”以及“鲁镇的酒店格局”。这样改动后，“北京四合院”就成了前一个“的”字组中的限定语，而后一个“的”字组中的确定语却变成了“酒店格局”，结果都变成了只有一个“的”字组的句子。意思理顺了，当然就不觉得别扭了。

共确定语的两个“的”字组可以共存于一个句子之中。比如“这是一本刚买来的新出版的书”，书是刚买来的，也是新出版的，因此，这一句就可以分解为“这是一本刚买来的书”和“这是一本新出版的书”两个小句，看得出来，这两个小句都合乎逻辑，可见此句所包含的两个“的”字组的确定语都是“书”。共确定语的两个“的”字组的连接可以称之为并连。相比之下，“鲁镇的酒店的格局”就不能分解为“鲁镇的格局”和“酒店的格局”，只能分解为“鲁镇的酒店”和“酒店的格局”，显然，“鲁镇的酒店的格局”便是这两个“的”字小句的串联。

总结以上所述，二“的”共现的原则必须是下列之一：

两个“的”字组不得在句中串联；

两个“的”字组必须是共确定语的并联。

5.6 得

按照《现代汉语八百词》的解释，“得”作为助词有两种句法意义：①连接表示效果或程度的补语，如“走得快”、“好得很”；②表示可能、可以、许可，如“看得清楚”、“扯得断”、“打得倒”。然而同一个“得”却要作不同的理解，这对外国学生来说可能会感到困惑，这就需要教师讲解其中的道理。

5.6.1 为什么同样的“得”会有不同的意义？

“得”确实有两种句法功能：①连接补语；②构成可能态。连接补语并不是形式上的连接，而是意义上的连接，比如说，空间运动就必定涉及速度，“快”和“慢”便是说明速度的两个形容词，由此可见，“走得快”的“得”实际上是把运动形式和速度特征连结起来而形成一个完整的概念。这样看来，“得”就有着统一论的意义。现在要回答的是，如何判别它的可能态的功能。为此就先来比较一下“走得快”和“看得清楚”，如果都把“得”拿掉，就变成“走快”和“看清楚”，显然“走快”不是一个复合词，是“走”和“快”组成的词组，而且也不通顺，可见“走得快”中的“得”的确起着连接动词“走”和补语“快”的作用。“看清楚”则是因果复合词。从哲学的角度来说，运动和速度的联系是必然的，然而因和果的联系就不是必然的了，也就是说，原因导致结果的出现有一个可能与不可能的问题。“走不快”并不表示“走”不涉及速度，而是表示涉及不高的速度，然而“看不清楚”就表示虽然“看”了，但不能获得“清楚”所表示的效果，“看得清楚”就表示“看”了之后能获得“清楚”所表示的效果。由此可见，判别的根据就是看“得”是不是处于因果词之中，也就是说，因果词中的“得”才表示可能。事实上，“看得清楚”就表示能看清楚，其他如“打得倒”、“举得高”、“拉得拢”、“房子建得起来”都分别表示能打倒、能举高、能拉拢、房子能建起来。

其实“得”后面的词语都是表示对动作的评价，比如“他跑得快”中的“快”是对“跑”的评价；“看得清楚”中的“清楚”是对“看”的评价。其他如“冷得我直打哆嗦”，其中的“我直打哆嗦”也是对“冷”的评价，但评价总是通过效果而体现，因此“快”、“清楚”和“我直打哆嗦”都是效果补语。动作和状态才会产生效果，“得”接于动词和形容词之后就是这个道理。这样看来，引介效果补语才是“得”的主要句法功能。

5.6.2　“走得累”和“走不累”都可以说，“走得腰酸背痛”也可以说，但“走不腰酸背痛”就不可以说，为什么？

“走”和“累”，以及“走”和“腰酸背痛”之间都存在着因果关系，然而这两种因果关系却有着必然和非必然的区别。“走”和“累”之间的因果关系是必然的，因为走久了不管什么人都会累，只是程度不同而已。“走”和“腰酸背痛”之间的因果关系就不是必然的了，对于体弱的人，走路太久会腰酸背痛，对于体强的人，走路虽然很久，也不会腰酸背痛，可见腰酸背痛不是走路所导致的必然结果，而是取决于走路人身体条件的非必然性结果。但必然性结果也会由于各种原因而不出现，于是在必然性因果中，汉语使用“得”肯定结果的出现，用“不”否定结果的出现，就因为这个原因，所以“走得累”和“走不累”都能说。非必然性结果的获得也可以用“得”表示，例如：“走得腰酸背痛”。必然性结果也就是能预见的结果，非必然性结果就不能预见了，正因为如此，所以非必然性结果只有获得以后才能被承认，这样一来，自然就不存在对非必然性结果否定的问题了，于是就不能用“不”来否定非必然性结果的出现，以至于“走不腰酸背痛”不能成立。其实“走不很累”也是不能成立的，“走得不很累”才能成立，原用也在于“很累”也是不能预见的非必然性结果，这样看来，能预见的必然性结果只可能是泛指，如“累”就是泛指，确指的结果都是不能预见的非必然性结果。“很累”、“我很累”、“我累极了”都是确指的结果，它们也只有获得以后才能被承认，而不能事先被否定，于是便有下列的差别：

(6) a.*我走不很累。　　b.我走得很累。

(7) a.*走不我很累。　　b.走得我很累。

(8) a.*走不我累极了。　　b.走得我累极了。

在结构上，必然性结果都是用单一的动词或形容词表示，非必然性结果都是用词组表示，这是因为词组能够表示确定性效果的缘故。

5.6.3 “把我走得累”是不能成立的“把”字句，“把我走得很累”和“把我走得腰酸背痛”，以及“把我走累了”才是可以成立的“把”字句，为什么？

“把”字句必须能体现出确定的效果。如上所说，“走得累”表示能走累，但不表示累的程度，也就是说，单音节的形容词不能表示性状的程度，没有程度的性状实际上是泛指，用“很”修饰后才能变成程度相当高的确指，确指的性状才能表示确定的效果而被“把”字句吸纳，“把我走得很累”之所以能够成立就是这个缘故。如上所说，“腰酸背痛”是已经得到确认的非必然性的效果，因此亦能进入“把”字句。“把我走累了”表示“累”的效果已经出现，已经出现的效果是客观存在的，自然也是确定的，进入“把”字句理所当然。

5.7　就

“就”在现代汉语中是一个使用频率很高的字，而且句法意义不只一种，这些句法意义一直都只被描写，没有被解释，对中国学生来说，不解释只描写还过得去，对外国学生不交代清楚是不行的，因为他们对于“就”没有基本的语感。

其实“就”的意义是讲得清楚的，那就是来自“就”作为动词表示靠近的意义，然而这种意义所产生的各种效应却一直没有被人们认知，只是被人们感知，结果就形成了语感而贮存于意识之中。现在要弄清楚的是，这些效应是如何转化为各种句法意义的。

5.7.1　“就”为什么能够表示很短时间以内即将发生？

如上所说，“就”作为动词表示靠近。靠近本是空间动作，也就是表示事物向某一目标地移动，使彼此之间的距离渐渐缩短，以至于最后紧挨着。因为时空有统一性，于是人们便也用“就”来表示动作在时间中向某一时点靠近，具体地说，就是将远时点的动作跨越一段时间而向近时点靠，甚至是向现在时刻靠。说得更明白一些，就是把原本打算在某一远时点开始的动作放在近时点，甚至是现在时刻上开始。具体的操作是，将“就”放在动词的前面而接于一个既定时点（显性的或隐性的）的后面，这样就可以表示动作的发生在时间轴上向既定时点靠。可想而知，只有未发生的动作才会成为靠近的动作，因此，靠近都完成于将来时区，然而要说明的是，因为现在时刻总是向前推移，所以靠近之后的时间点也会被现在时刻越过而成为过去时域中的时间点。

谈时间必须首先要找一个参照点，要靠近的时间点实际上就可以作为参照点。如果不指出参照点，“就”便表示动作的发生时刻向现在时刻靠近，因为人总是站在现在时刻说活，我们所感触到的一切事物也都是处在现在时刻。动作的发生时刻向现在时刻靠近自然就有即将发生之意，即将发生也就是接着现在时刻而发生，于是靠近便产生了接着之意，如“我就走”便表示“走”的动作会接着现在时刻而发生，自然就表示即将走了。因为说话时“走”的动作尚未发生，所以句尾不加“了”。

在口语交流中常常有这样的对话，甲问：“你打算什么时间去？”乙答：“我就去。”“什么时间去”表示“去”的时间不确定，反映了问话人的疑惑与焦躁，答话“我就去”表示“去”的开始时间会向现在时刻靠近，也就是向问话人表示，原本打算过一段时间去，既然你等不及，我只好把“去”的发生时刻由远时点移近而接着现在时刻发生，这便是“就”能够表示动作在很短时间以内即将发生的道理。

5.7.2 “就”为什么能够表示提前？

“10点钟的会你怎么现在就来了”，这是办公室人员对前来参会的人的一句问话，意思就是你来早了，为什么会有这种意思呢？其实这种意思也是来自“就”的靠近之意。按常规，只要在会前几分钟来就可以了，加了一个“就”便表示“来”由会前几分钟向远离10点钟的现在时刻（比如说，现在时刻是8点钟）靠近了，这就等于是将“来”的时间提前了，提前之意便是如此产生的。因为提前已经实现，也就是说话之时参会的人已经来此，所以就用了句尾“了”。显然，此句的参照点是现在时刻，不过，作为参照点的现在时刻往往可以不说也能表示同样的意思，如“10点钟的会你怎么就来了”，因为说活时刻和现在时刻本来就一致。然而非现在时刻的参照点就必须在句中指出。比如说，指出参照点是昨天的某个时刻：“他昨天就来了”，其中的“就”便表示“来”接着昨天的某个时刻而发生（实际上是靠近之后的时间点已成为昨天的某个时刻）。指出参照点是明天的某个时刻：“他明天就来”，其中的“就”便表示“来”将接着明天的某个时刻而发生。说“他明天就来”时“来”还没有发生，自然不能加句尾“了”，然而说“他昨天就来了”时“来”已经发生，因而句尾“了”是少不得的。参照点也可以是人的年龄和人生中的某一时期，如“他十五岁就参加了革命”、“小黄从小就喜欢文艺”。

以上是表示动作发生时刻的靠近，其实“就”也可以表示状态出现时刻的靠近，如“天很快就会亮”便表示“亮”出现的时刻和现在时刻虽然没有靠近，但离得很近；“其实他早就醉了”便表示“醉”的出现时刻其实已靠近超越现在时刻的某一点。

5.7.3 “就”为什么能够体现必然性?

因为动作和状态都是在时间中发生,所以“就”的靠近义也可以用来表示两个动作紧接着发生,如“说完就走”、“说干就干”;表示状态紧接着动作而出现,如“再加一点就满了”;表示动作接着状态的出现而发生,如“天一亮我就走”;表示两种行为的始点接着发生,如“这孩子一吃饭就看书”、“他一睡觉就打鼾”。“就”的靠近义也可以用来表示结果接着原因而产生,如“勤学苦练就会出好成绩”,“坚持批评和自我批评,工作就可以少犯错误”。从这些论述可以看出,因为“就”能够体现时间的衔接,所以就能够表示后续行为、动作、状态和结果出现的必然性。

5.7.4 “就”为什么能够表现出偏小和偏大的语气?

在结构上可以这样认为:“就”插在句子中将句子分为前后两个部分,“就”便表示后面部分向前面部分靠,靠近的结果就导致了时空的衔接,衔接的进一步拓展就导致语义的联系,于是“就”便能够表示衔接和联系。衔接和联系也是一种统一,也就是把两个独立部分统一起来。正是由于这种统一,“就”便能够加强语气,同时也产生了强调的功能。比如主宾联系的“老两口就一个儿子”、“我就剩下两张票了”,如果把“就”去掉,“老两口一个儿子”、“我剩下两张票了”也都说得通,但无强调之意。有“就”之后就等于把“老两口”和“一个儿子”联系起来,使人觉得儿子少了;把“我”和“剩下两张票了”联系起来,使人觉得剩下的票太少了。显然这些言外之意都是来自“就”的联系效应,因为所联系的宾语都表现了相对于主语而言是偏小的数量。如果所联系的宾语表现了相对于主语而言是偏大的数量,那么,“就”就能够表现出偏大的语气,如“她一个人就占了一大间房”就使人觉得占的房间太大了;“他非常富有,光一栋别墅就两千万元”就使人觉得别墅的造价太大了。由此可见,是偏大还是偏小,必须首先进行逻辑判断,“就”的作用是加强这种判断的坚定性。

5.7.5 为什么将“就”加在“是”或“不”的前面能够加强肯定或否定的语气?

“是”字句本来就是肯定句,肯定的意义就来自于主语和宾语的同一性。因为“就”能够体现必然性，而必然性又导致唯一性，所以在“是”的前面加了“就”之后就使这种同一性成为唯一的，于是“就是”便体现了比“是”更为肯定的语气，比如，“他就是你失散多年的儿子”就体现了比“他是你失散多年的儿子”更为肯定的语气。

因为“不”表示否定，加了“就”之后的“就不”便能够加强否定的语气，也就是使一般的否定变成更为肯定的否定。如“他就不像你那么有修养”，虽然“他不像你那么有修养”也说得通，但对他的修养否定的语气就没有前一句那么肯定。“我不信我学不会”是对“我学不会”的否定，加了“就”之后的“我就不信我学不会”却表现了对“我学不会”更为肯定的否定，从而表现了坚定的自信心。

5.7.6 为什么句首“就”比句中“就”的强调语气更重？

“就你这点工资还想买房？”的确比“你就这点工资还想买房？”更能凸显工资之低，其中的道理可以这样来理解：句中“就”所表现的语义连接是串接，句首“就”所表现的语义连接是并接，并接更能够凸显“这点工资”和“买房”之间的对比，因而更能使人感觉到工资和买房之间极不协调的关系，句子也因此而有嘲讽的口气。由此可见，强调语气的产生也是有原因的，不过令人意想不到的是，这个原因竟来自“就”由于句法位置的不同而表现出来的不同的连接方式。

5.7.7 “每天下午下了课，就他去锻炼”是病句吗？

以上是一个外国学生造的句子，教师认为这是一个病句，于是就将其改为“每天下午下了课，他就去锻炼”。

其实“每天下午下了课，就他去锻炼”并不是一个病句，教师的修改也没有错，但是意思却变了。原句的意思是只有他一个人去锻炼，修改句的意思是他的锻炼行为接着下课而发生。为什么原句和修改句会有这么大的差别呢？

其实教师的修改句亦可以等语义地变为“他每天下午下了课就去锻炼”，显然，此句中的“就”表现了“下了课”和“去”的时间串接，而原句中“就他去锻炼”的“就”则表现了“他”和“去”的语义并接。语义并接凸显了“他”和“去”之间联系的唯一性，自然就表示只有他一个人去锻炼了，时间串接则凸显了“去”对“下了课”的紧随性，这便是句意差别的原因。

5.7.8　为什么说“我们下课了就去操场踢球”是病句?

以上也是外国学生造的一个病句,病就来自于用“下课了”代替“下了课”。根据词典的解释,“下课”表示“上课”的结束。不过,“上课”并不结束于瞬间,而是结束于一个短暂的过程,事实上,当下课铃声一响,老师便会向学生宣布:“下课了!”可见“下课了”表示“下课”的开始,“下了课”才表示“下课”的完成。如上所述,“就”表示一个后续动作(去操场)的靠近,自然不可能向“下课”过程的始点靠近,而应当向此过程的终点(也就是“下课”的完成之点)靠近,“就”不能接于“下课了”之后,而应接于“下了课”之后就是这个道理。其实从结构上也可以看出来,“就”和“课”之间隔着“了”(如“下课了就去操场”所示)就意味着“去”和“课”脱节,这当然不能体现“去”和“课”的接着意义。结构上之所以也能够反映出这点,完全是因为汉语的结构也形象化了。

5.8　才

根据对语言事实的观察和分析,“才”可以表示动作推迟,表示时间偏短,表示数量偏少,表示程度和水平偏低,表示实现既定目标的充分条件,这些意义是怎么产生的呢?

5.8.1　“才”的意义是如何形象化的?

人们都觉得“才”能表示事情发生和结束得比预想的晚,这种语感是如何产生的呢?看来这个问题很值得探讨,因为“才”根本没有和这种意思沾得上边的实义。由此可见,“才”作为虚词并非来自实义的虚化,经过仔细观察和研究之后,笔者认为“才”的虚义是直接来自于字形的形象,以至于产生了形象化的意义。

“才”字中间一横表示地面,整个字形似草木初生,出土嫩芽不长,没有达到期望的数值,尤其是茎叶尚未出土,于是便产生了芽长不足和生长迟延的形象。将这种形象用之于语言,就可以表示动作推迟,推迟的动作就对应于出土的嫩芽而表示在“才”之后(这样的表示也是有时间意义的),如“本该前天回来的,因为有事耽误了,所以昨天才回来”。回来的推迟也就是回来晚了,回来晚了就等于到家的时刻与说话时刻(也就是现在时刻)之间的时间间距缩短了,因此“昨天才回来”与“才回来一天”便语义等效,句中的“一天”便是缩短后的时间。缩短后的时间也可以用“不久”表示,如“才回来不久”。“才回来一天”也可以说成“回来才一天”,于是“才”后的词语就可以表示时间的偏短,如“才星期二,慌什么?还早呢!”意思就是星期日的最后时刻过去才两天,现在时刻还早于某件事应该做的时刻。如果将时间偏短的意思引申,就可以表示数量偏少,如“我手上一共才五个,不够分配”,“这件衣服不贵,才50元钱”,“这块地的面积才半亩”;也可以表示未达到预设的标准,如“他身高才一米六,不够参军的标准”;也可以表示程度或水平偏低,如“他才高中毕业,你不能要求太高”。从上面所举的例子中可以看出,推迟的动作、偏短的时间、偏少的数量、未达标的数值,以及偏低的水平都表示在“才”的后面,这些都在形象上相当于已经出土而尚未达到期望值的嫩芽。其实,这些意义都可以认为是出土之芽成长不足的联想,联想则导致意义的引申。下面的论述则是引申的更进一步。

嫩芽的偏短肯定是由于生长条件的欠缺和不足,如果是由于肥料不足,则追加肥料便可以促使芽的生长,以至于最后成材,这样的形象便可以表述为“追加肥料才可以生长成材”,此句中的“才”似乎名词化了,它似乎就表示刚刚出芽的草木。这样看来,追加肥料就成了生长成材的基本条件了,而生长成材则是既定目标。这样一来,就可以把既定目标表示在“才”的后面,把实现既定目标的基本条件表示在“才”的前面,如“十个才够分配”,显然,十个就是够分配的基本条件。基本条件如果有唯一性,汉语就用“只有”来表示,如“只有勤学苦练才能出好成绩”,此句表示“勤学苦练”是“出好成绩”的唯一基本条件。如果“才”前的语意是表述行动与措施,那么“才”后的语意就必须是表示起码的效果(起码的效果就相当于出土不长的嫩芽)。起码的也就是基本的,如“他只有业余打工才能维持全家的基本生活”。如果从物理学的角度来认识,基本的也就是临界的,因此“才”就可以表示临界状态的到达,于是“才”前的语意便表示临界值,也就是临界条件,“才”后的语意表示临界状态,如“在常压下,把温度升到100℃,水才能沸腾”。基本条件也可以理解为广义的临界条件,广义的临界条件就对应着广义的临界状态。广义的临界状态自然也会出现于精神世界,如“实在是不得已才出此下策”。“不得已”就表示忍耐达到了最大限度。当忍耐达到了最大限度时便导致了“下策”的出现，这就好比温度升到了100℃时就导致了水的沸腾。这样看来，“才”的使用完全是在比拟和联想中拓展。

5.8.2　“他昨天回来了”、“他昨天就回来了”和“他昨天才回来”三句的形象意义有何不同？为何第三句的句尾不加“了”？

“他昨天回来了”表示他回来的时间是在昨天，句尾加“了”表示“来”已经实现。“来”的实现就意味着趋近于说话人的运动终止了，也就是“他”的动态终止了。动态的终止便是静态的开始，因为静态已开始于昨天，所以句尾“了”就表示说话时刻他存在于此的静态继续。“他昨天就回来了”表示他回来的时间比预期的时间早，也就是提前回来了，句尾“了”仍然是表示说话时刻他存在于此的静态继续。“他昨天才回来”表示他回来的时间本应当早于昨天，自然就表示他回来晚了，回来晚了就意味着说话时刻（也就是现在时刻）之前他存在于此的时间比预想的时间短。正因为如此，所以该句也可以表述为“他回来才一天”。总之，第三句所要表达的意思不是存在于此的时间继续，而是要表达到此的时间比预想的晚，自然就不涉及存在的问题，因此句尾不能加“了”，这一点似乎很有普遍性，那就是，“才”和句尾“了”不能共现。其实，在“才”字的结构上也可以表现出这一点，那就是，出土的嫩芽不继续生长。

如上所说，“他回来才一天”也可以说成“他才回来一天”，显然此句表示他是一天之前回来的，而且“一天”是因推迟而缩短了的时间。如果他回来的时间缩短到无法表达的地步，那么“他才回来”就表示说话时他刚刚到此，由此可见“才”的句法意义是可以推演的。

5.8.3　“今天天空中云很多，看来半个小时之后才下雨”是某外国学生造的一个句子，教师将其更正为“今天天空中云很多，看来半个小时之后就要下雨”，为什么教师将“才”换成“就要”呢？

道理是这样的，天空中云很多，表示雨正在形成，自然就预示着“下雨”不久以后会发生，“就”便表示下雨的过程沿着时间轴向半个小时之后靠近，自然就有“下雨”会接着半个小时之后实现之意，“要”则是对实现的进一步肯定，这就是上述第一句的形象分析。向某一时间靠近自然不能用“才”表示，如果一定要用“才”，那么，“才”前的表述便要更正为：“现在虽然云很多，但未乌黑化，看来至少在十二个小时之后才会下雨”。“虽然云很多，但未乌黑化”表示下雨的条件尚未成熟，自然就意味着下雨将会推迟，十二个小时便是最短的推迟时间。这样看来，“就”和“才”前的词语必须充分体现出相应的时间意义，那就是，“就”前要表示时间不延缓，如“看到有人抢劫，他毫不犹豫就冲上去”；“才”前必须表示时间延缓，如“看到有人抢劫，他犹豫了一下才冲上去”。

5.8.4 “这本书我看了一天才看完，他看了半天才看完”为什么是病句？

上面这一句也是出自一个外国学生之手，教师的修改句为“这本书我看了一天才看完，他看了半天就看完了”，显然，修改句只将第二个“才”改成“就”，这样的更改是有道理的，因为句意显然是在比较“我”和“他”的看书速度。说话人当然是希望自己的速度快，最好短于一天看完，然而延时了，看了一天，于是便用“才”来表示“完”的延时。相比之下，他的看书时间缩短了，看完只用了半天，相对于说话人等于是提前完成了，于是就应该用“就”来表示“完”的时间紧接半天之后，也就是提前了半天。其实修改句也没有修改得很正确，正确的修改应该为“这本书我看了一天才看完，他半天就看完了”，因为“就”的前面只要表示偏短的时间就行了。

5.8.5 为什么“才”能够体现唯一性？

“他才回来”表示回来的时间迟延了。人的认知也要占据时间，而判断形成于认知的结果，基于时间的同一性，于是动作的迟延便可以引申到判断的迟延。判断之所以会迟延是由于认知的反复，也就是辨认再三，反复推敲和比较，最后所得出的判断自然就有唯一性，判断迟延也可以用“才”表示，于是“才”就能够体现唯一性。比如，用“这个”指代反复辨认后的小孩，辨认后所得出的结论是这个小孩和“你要寻找的亲生儿子”有同一性，“是”在表述中能够用于表示同一性，按以上所说的道理，“才是”便能够表示唯一的同一性，于是“这个才是你要寻找的亲生儿子”便表示了排除亲生儿子会是其他小孩的可能。如果把“才”换成“就”，句意并未改变，但用“才是”的语气比“就是”更为深长和肯定，因为前者含有“你不要再找了”的意思,这种意思就来自“这个小孩”是经反复辨认后的确认。其实“是”加于“才”之后就等于把肯定的范围缩小了,也就是把肯定变成了确定。总之,“才是”表现了肯定的唯一性。

其实唯一性也可以表现于否定,表现于否定的唯一性实际上体现了否定的坚定性。比如,在口语中就经常可以听到这样的话:“我才不去呢!”“让我演坏蛋,我才不干!”“这种事我才懒得管呢!”意思就是说,别人可能会去,可能会干(演坏蛋),可能会管,只有我却是一概说不!也就是说,“我”是抱否定态度的唯一者。《现代汉语八百词》说肯定句不能用“才”,其实不然,“这种伤天害理的事他才干得出来”也是说得通的,如果加进“只有”,“这种伤天害理的事只有他才干得出来”就更通顺了,这是因为“只有”和“才”同现后更能够强调唯一性。

5.9　偏

未成年人(特别是小孩子)经常对大人表现出一种逆反心理,这种逆反心理用语言表达出来就是“我偏要”、“我偏不”,可见“偏”是能体现逆反心理的词。然而值得追究的是,“偏”的这种意义是怎么来的呢?

5.9.1　“偏”的广义应如何理解?

“偏”的本意是表示空间位置不居中。中间是相对左右而言,既不偏左,也不偏右就谓之中,于是,位置不居中就可以表述为“位置偏了”。习惯上人们认为,心是意识的主宰者,心居中才能处事公平,如果心不居中,就会导致不公平,于是对人不公平便表述为“偏心”。偏心必然导致偏袒和偏爱,以至于发展到偏听偏信,可见“偏”的意义被逐次引申。如果从理性上去归纳,“偏”的广义就应当理解为表示现实的和设定的不相重合。比如说,打靶时如果现实的中弹点和设定的中弹点没有重合,也就是没有打中设定的目标,汉语的表述便为“打偏了”;往墙上挂镜框时没有挂在设定的位置,也就是镜框的现实位置没有重合于设定的位置,汉语的表述便为“挂偏了”。以上这两种“偏”都是由于动作的不准确而导致的效果,所以就把这两种“偏”作为补语而放在动词之后,于是“打偏”和“挂偏”也就因此而成为了因果词。这样看来，“偏”在词组中就有两个位置:①动词之前;②动词之后。

5.9.2 为什么“偏”能够表现逆反心理?

假设父子俩对话，父亲说:“三天长假期间你就不要去外婆家了，好好在家复习功课。”显然，“不要去外婆家”和“好好在家复习功课”可以看作是父亲的两个设定的意愿，这两个意愿当然都希望儿子接受。儿子的意愿则可以看作是现实的意愿，如果儿子的意愿和父亲的意愿不相合，儿子就会说:“我偏要去外婆家!”这里的“偏”不是客观造成的，而是主观上有意地使现实意愿不和设定意愿相重合，这样的“偏”带有主动性，于是就可以称其为主动的“偏”。相比之下，由客观原因导致的“偏”则可称为被动的“偏”，它们的句法位置也形成了鲜明的对比，那就是:主动的“偏”放在动词之前而接在主语之后，如“我偏要跟你作对”;被动的“偏”则放在动词之后，如“你的屁股坐偏了”。如果屁股坐偏是故意的，坐者就会将“偏”前移至主语之后而说成“我偏不把屁股坐正”。显然，主动的“偏”表现了主观故意，自然就体现了逆反的心理。

主动的“偏”实际上是对设定意愿的否定，在上面所举的例子中，父亲的第一设定意愿是“不要去外婆家”，“不要去”的否定是“要去”。如果儿子不用“偏”，只说“我要去外婆家”，那么“要去外婆家”只能看作是现实意愿的表达，“偏要去外婆家”就表示该意愿是设定意愿的否定。否定了父亲的第一设定意愿之后，第二设定意愿“好好在家复习功课”也自然被否定了。不过，即使第一设定意愿没有被否定，第二设定意愿也未必能实现。如果儿子说:“我偏要去外面旅游。”这看似没有违抗第一设定意愿，但却违抗了第二设定意愿，这样看来，违抗有两种:①直接的违抗;②间接的违抗。直接的违抗是偏不做所指定的某件事，间接的违抗是偏要做不是指定的事。“我偏要去外婆家”表现了儿子的直接违抗;“我偏要去外面旅游”表现了儿子的间接违抗。下面两句也都表现了间接的违抗:

(9)导演要他演反面角色，他偏要演正面角色。

(10)儿子真不听话，我们想要他考理科，他偏要考文科。

句(9)表现了他对导演意愿的间接违抗;句(10)表现了儿子对父母意愿

的间接违抗。

5.9.3　“偏”和“偏偏”在语用意义上有什么区别？

其实主动的“偏”也不完全是出于主观故意，有时也是出于某种主观的原因，比如说，父母虽然希望儿子考理科，但由于儿子的兴趣在文科，所以最终还是考了文科，于是在表述中就用“偏偏”来表现儿子由于某种主观原因而偏离父母的意愿，例如：

（11）a.我们是希望儿子考理科，他偏偏考了文科。

b.我们是希望儿子考理科，偏偏他考了文科。

正因为“偏偏”表示由于主观原因而导致的意愿偏离，所以就可以把“偏偏”视为形式因果词。词中第一个“偏”表示脱离预设意愿的主观原因，也就是主观上想“偏”，这自然就会导致“偏”的结果，因此第二个“偏”便表示由此而产生的结果。正因为存在着不可控制的主观原因，所以“偏偏”就可以提至主语之前，如以上b句所示。下面两个句子也体现了由于个人兴趣而导致的对众意的偏离：

（12）a.经过大家讨论，问题都解决了，他偏偏还要钻牛角尖。

b.经过大家讨论，问题都解决了，偏偏他还要钻牛角尖。

“偏偏”实际上是“偏”的叠加。如上所述，单一的“偏”可以表现逆反心理，逆反心理完全受主观操控，以至于单一的“偏”不可以移于主语之前。两个“偏”和一个“偏”的这种差别在下面两句的比较中看得更清楚：

（13）a.星期日朋友来找我，我偏偏不在家。b.星期日朋友来找我，偏偏我不在家。

（14）a.星期日朋友来找我，我偏不在家。 b.*星期日朋友来找我，偏我不在家。

句（13）用了两个“偏”，就使人觉得我不在家是由于我有事外出而没有留在家，也就是“偏”是有原因的，主观不能操控。句（14）只用一个“偏”，就使人觉得我不在家是出于我有意躲避朋友，这种“偏”受着主观的操控，因而不能移于主语之前。

5.10 正

“正”是一个表示褒义的字，比如“正义”、“正人君子”、“正义凛然”、“正大光明”等。“正”也是一个表示合乎法理的字，比如“正统”、“正规军”等。

“正”也表示位置居中，封建首脑总是居中而坐，于是就把中间的座位叫做正位。“正”也表示立杆不向任何方向歪斜，不歪斜就谓之正直，于是就用“正直”来表示人的公正和耿直。现在的问题是，“正”为什么能够表示动作正在进行（如“现在正上着课呢”），状态正在持续（如“他正忙着呢”）？

5.10.1 如何理解“正”的时间意义？

如上所说，“正”表示位置居中，中点就是左右交会之点，因此“正”就有左右交会之义，因为时间和空间可以互相比拟（时空统一性），所以就可以把新的一年比作右边，把旧的一年比作左边，于是新旧两年的交会之日就称为正旦（农历正月初一）；如果把时间轴上的未来时区比作右边，把时间轴上的过去时区比作左边，那么，现在时刻也同样是这两个时区的交会之点。进一步的联想就是，如果把事物放在左右交会之点（也就是中间位置）看作是“正”，那么，动作和状态发生于左右两时区交会之点的现在时刻也就可以称为“正”了，这样一来，“正”就可以表示动作或状态发生于现在时刻了。因为现在时刻总是向前推移，所以将动词或形容词接在“正”的后面就能表示动作正在进行，如“耐心等一下，我们正讨论你的问题”；状态正在持续，如“灯正亮着呢”。由此可见，进行或持续之意完全来自人对时间运动的感觉。

5.10.2 “正”为什么又能引申出恰好、刚好和巧合之意呢？

左边和右边交会于中点，恰好（刚好）对上，不差丝毫，也可以说是巧合，这种情况便谓之“正”，于是“正”便引申出恰好、刚好和巧合之意。

(15)他推门进来的时候，我正对着镜子梳头。

显然，句(15)用“正”表示“梳头”和“进来”的时间巧合，不过巧合点不一定是现在时刻，因为进来的时间点可能已经过去。如果把该句颠倒一下：

(16)我正对着镜子梳头，他推门进来了。

句(16)也体现了“梳头”和“进来”的时间巧合，但却是巧合于现在时刻，这是因为前一小句“我正对着镜子梳头”已经用“正”表示梳头的动作是发生于现在时刻。由此可见，时间的巧合点往往决定于前一小句。

(17)到剧场时正赶上开演。

句(17)的“正”处于句中，表示到剧场的时间和开演的时间刚好一致，但这个一致的时间肯定已经过去，而不是现在时刻。

(18)你来得真巧，我正要找你。

句(18)如果省去“正”，“你来得真巧，我要找你”也可以说得通，但使人觉得无“正”之后的第二个小句似乎可以语义独立，也就是和第一个小句在语义上衔接不起来，可见“正”在此句中能起语义的衔接作用。其实第二小句是对第一小句的说明，具体地说，就是要说明“来得真巧”的原因是“本来就要找你，刚好你就来了”，于是就可以用“刚好”取代原句中的“正”，这样代换之后，“你来得真巧，我刚好要找你”的意思与原句基本不变，可见“正”和“刚好”可以语义等价。

“长度正够”、“大小正好”、“时间正合适”和“年龄正相当”四句中的“正”也都体现了刚好或恰好之意。

从语义上也可以理解，“现在正上课呢”和“我正忙着呢”两句之中的“正”都是相对于说话时刻而言，意思是说话时刚好上课，我刚好忙着。

5.10.3 为什么“正”能够加强肯定的语气？

加强肯定的语气实际上就是肯定性的强调，其实质就是表示肯定的唯一性，这样看来，“正”为何能够表示唯一性就应该成为探讨的问题了。

问题还应该回到“正”的空间意义上来。如上所述，“正”表示居中，显然，在一个独立的空间系统中，中心只有一个，自然就是唯一的了，于是“正”就蕴含唯一之意。

(19)情况如你所说的那样。

(20)情况正如你所说的那样。

句(19)无“正”，句(20)有“正”。无“正”的句(19)就显得语气平和，而且言下之意也似乎不排除说话人也会认可其他人的话,有"正"的句(20)就表示说话人只认为"你"说对了而不认可其他人的话。

(21)正由于不怕困难,才战胜了困难。

(22)这正是你要找的人。

句(21)就用"正"表示不怕困难是战胜困难的唯一原因。句(22)也是用"正"肯定这个人就是你要找的人。

5.10.4 如何理解"正在"?

"他在看电视"和"他正在看电视"的语义基本相同,因而都可以说,然而可以说"他一直在看电视",却不能说"他一直正在看电视",这是为何?要回答这个问题还是要回到汉语是形象化的语言这个观点上来。在实际的形象上,"他在看电视"表示说话时他对"看电视"这个行为的占据;"他一直在看电视"表示说话之前他也不停地占据着"看电视"的行为。"正在"只表示在说话的现在时刻对行为的占据,而不表示在说话以前的任何时刻对行为的占据,就因为这个道理,所以"一直"后面不能又接"正",也就是说,"一直"和"正"在逻辑上是矛盾的,因此也就导致"他一直正在看电视"不能成立。

5.11 很

按照形式语法,"很"作为副词是可以修饰一切形容词的,然而可以说"很白"、"很热"、"很大",但不能说"很雪白"、"很炽热"、"很广大",虽然"雪白"、"炽热"和"广大"都是形容词。从形式上看,似乎"很"又只能修饰单音节形容词,而不能修饰双音节形容词,但是"很火热"、"很高深"、"很美丽"、"很强大"又都可以说,由此可见,从形式上是找不出"很"的语用规则的。

5.11.1 为什么不是所有的形容词都能用"很"修饰?

其实"很"的语用原则还是要按照实际的形象来判断,可以这样认为,形容词前面加"很"就表示将性状定位到相当高的程度,语法上把"很"称为程度副词就是这个道理。这样看来，能够加“很”的形容词就表示程度不定的性状了，于是，能够加“很”的形容词就可以称之为不定度形容词，比如，“白”、“大”、“火热”、“高深”和“美丽”之类都是不定度形容词。“雪白”和“灰白”本来就表示不同程度的白，“炽热”表示热的最高程度，“广大”表示数量很多，规模相当大，因此就可以把“雪白”和“灰白”，以及“炽热”和“广大”称为定度形容词。定度形容词既然已经表示程度已定，自然就不需要再用“很”之类的程度副词来为其定度了，这样看来，不但“很雪白”不能说，“不雪白”和“不太雪白”也不能说，“很白”、“不白”和“不太白”才能说。此外，形容词的重叠式也不能接受“很”的修饰，比如，“很清清楚楚”和“很明明白白”就不能成立，尽管“很清楚”和“很明白”都可以说，这说明形容词的重叠式也已经自我定度而成为定度形容词了，其实，形容词的重叠就表示性状被强调而达到了最高程度，比如，“干干净净”就表示干净达到了最高程度，也就是到了一尘不染的程度；“明明白白”也到了彻底明白的程度。总之，能接受“很”修饰的形容词要具体分析，不能一概用副词的概念来说明问题。其实副词本来就是形式语法的概念，当然只有用于形式语言才最为有效。

5.11.2　为什么可以说“很突然”，而不能说“很忽然”？

一般的说法是，“突然”是形容词，能接受“很”的修饰，“忽然”是副词，不能用“很”修饰，这样的解释虽然合乎形式语法，但是说服力不强，因而难以服人。人们会问，凭什么说“突然”是形容词而“忽然”是副词呢？看来要说明其原因还是要作一番形象分析。“忽”字由“心”上加“勿”而成，表示勿于心，也就是不放在心上的意思，所以“忽然”就表示出乎意料。“突”字表示犬出洞穴，自然是运动急促，于是就可以说“突飞猛进”，因此“突然”也就表示动作完成于短时间。一般认为“忽”也有急促之意，但为什么不能说“忽飞猛进”呢？可见“突然”和“忽然”的差别就表现在形象意义上。笔者认为，出乎意料的情状没有程度之分，“忽然”不能用“很”修饰就是这个道理。然而短的时间却也有程度之分，“很突然”就表示动作完成于很短的时间，可见“突然”也有程度之分。其他如“非常突然”、“比较突然”、“不太突然”和“不突然”也都表示“突然”的程度。如上所述，“突然”表示急促，说它是形容词就是这个道理。

5.11.3 为什么“能”和“会”也能够接受“很”的修饰?

根据《现代汉语八百词》的解释,“能”表示善于做事。所谓善于做事就是善于用动作去支配宾语所指称的事物,但这种能力有程度的不同,如果支配的事物多,动作的能力就强,反之,动作的能力就弱。比如说,“他能吃”就表示他每顿饭吃得多,饭量大,如果他每顿饭吃得很多,饭量很大,语言的表述便是“他很能吃”。又比如走路,如果他走得快,耐力强,说明他走的能力强,于是就说“他能走”,如果他走得很快,耐力很强,说明他走的能力很强,于是就可以说“他很能走”。

“会”也表示善于做事,但“会”也有程度的差别,于是“她会唱歌”和“她很会唱歌”的差别就在于前一句不能表示她会到何种程度,后一句则能表示她会到相当高的程度。

5.11.4 为什么可以说“他很吃了几碗饭”?

的确,在很多方言中都有“他很吃了几碗饭”的说法,然而却不能说“他很吃了三碗饭”,其中的道理可以这样来理解:程度不但表现于性状,也可以表现于动作。就是说,动作也有程度之分,然而动作的度却是通过受其支配的宾语来体现。“三碗饭”可以认为是定量宾语,“几碗饭”是非定量宾语。宾语定量就意味着“吃”的程度已定,也就是说,他的“吃”已到三碗饭的程度,既然程度已定,自然就不需要再用“很”来为其定到相当高的程度了,正因为“几碗饭”是非定量宾语,所以“他吃了几碗饭”不能体现“吃”的度,于是该句就不拒绝用“很”来为其定到相当高的程度。这样看来,“很吃了几碗饭”之类的句法实际上是“很”在语用上的引申和拓展。由此可见,宾语是决定能不能用“很”修饰动词的关键,具体地说,宾语不定量才能在动词前面加“很”。依此类推,“很骂了他几句”、“很看了她几眼”、“很借了银行一笔款”等之类的句子也都能成立。然而宾语无量也不能受“很”的修饰,比如“他很吃了饭”就不能说,宾语无量就意味着不需要表示动作的度。

5.12 好

“好”在现代汉语中是使用频率非常高的字，尤其是在口语里，喝彩时用、表扬和赞许时用、感叹时用、安抚时用，咒骂时也用，既能用于褒义，也能用于贬义，可见“好”的使用之广。然而中国人尽管都习惯于使用“好”，而且也知道使用的场合，却并不都知道其中的道理，都是凭着语感脱口而出。外国学生没有对“好”的语感，自然就要在学习阶段中从理性的了解入手，因此在对外汉语教学中讲清楚“好”的语用意义实在很有必要。

5.12.1 “好”的意义有哪些？

其实人们心目中还是清楚“好”的意义的，但这些意义却只能意会，不能言传。因此“好”的意义只得从语言事实中归纳，当然也是归纳得出来的。总的来说，“好”的主要意义可以归纳为这样几点：表示超出一般，或者不同于一般；表示事情完成，而且得到了满意的效果；表示结束了不如意或不满意的情状；表示如意或满意的情状将会出现；表示使交谈的对方满意；表示满意的效果。本书现在就来探索一下这些意义是怎么产生的。

5.12.1.1 表示超出一般（水平、程度或意义）

人们看戏时，看到精彩之处便会大声叫好，可见“好”有赞叹之意，也就是为精彩而赞叹。所谓精彩，其实就是出色，按词典的解释，出色就是超出一般，这样看来，“好”就有超出一般的意思，不过，人们也不是要求全面都超出一般，要求一个事物的各个方面都超出一般是很难想象的，只需在有关判断的方面超出一般就认为是“好”。比如说，艺术水平超出一般的戏就被认为是好戏，领导水平超出一般的领导就被认为是好领导，办事能力和道德品质超出一般的干部就被称为好干部，教学水平超出一般的老师就被认为是好老师，德、智、体三方面都超出班上一般水平的学生就被称为三好学生，基本性能超出一般的材料就被称为好材料，友谊超出一般的朋友就被称为好朋友。以上所谈的都是“好”的客观标准，其实“好”也有主观标准，比如说，父母眼中的好儿子就应当是既听话又孝顺的儿子，心地善良的人尽管能力一般也被认为是好人，贤惠的女子尽管外貌一般却被老人们认为是好女子。尤其是妻子眼中的好丈夫更是标准不一，有的认为能力强的丈夫是好丈夫，有的认为能体贴自己的丈夫是好丈夫。

对事物的感觉超出一般也可以认为是“好”，不及一般的感觉则认为“不好”。感觉往往通过感觉行为而表现，比如，味觉通过吃而表现，视觉通过看而表现，听觉通过听而表现，于是，超出一般的感觉便分别称为“好吃”、“好看”和“好听”，低于一般的感觉则分别称为“不好吃”、“不好看”和“不好听”。

5.12.1.2 表示事情按预定目标完成，获得了满意的效果

事情按预定目标完成，获得了满意的效果时人们也认为是“好”的体现，典型的例子就是当学员完成了教练所教给的项目时，教练就会立即说“好”，学员也明白这表示教练满意。满意总是表现于事情完成之时，“好”的完成之意便是由此而来。表示完成的“好”总是接于动词之后，比如，“菜炒好了，可以吃饭了”，“房子盖好了，可以入住了”。“好”所表示的完成是满意的完成，不满意的完成就可以前加“没有”，比如，“菜没有炒好”，但此句有歧义，歧义就来自说话的时间，如果此话是完成之后说，自然就表示没有完成好；如果是完成之前说，就表示还未完成。消除歧义的办法就是将“不好”作为效果而用“得”表示，比如，“菜炒得不好”，“任务完成得不好”，于是“不好”就表示不如意，或不满意。但“不好”用在句首历来都是表示坏的情况突然出现，比如，“不好！有贼！”“不好！煤气罐要爆炸了！”

5.12.1.3 表示结束了不如意或不满意的情状

结束不如意的状态也被认为是“好”的体现。不如意的状态可以具体指明，也可以隐含，比如，“病好了”表示病的状态结束了，“自行车修好了”表示用“修”的手段结束了自行车的不如意状态，“他的脾气变好了”表示他的脾气通过“变”而结束了令人不满意的状态，“他的身体好了”表示结束了不健康，甚至是多病的状态。“好了，大家都回去吧”这是一场闹剧结束之后的用语，其中的“好了”也是表示不如意的情状结束了。

“不好”和“没有好”用在句尾都表示不如意的情状没有结束，但“不好”表示不如意的情状还在继续，“没有好”表示不如意或令人不满意的情状尚未结束。比如“他的身体一直不好”就表示身体状况一直不如意，“他的病一直没有好”就表示病的状态一直未结束。

5.12.1.4　表示如意或满意的情状将会出现

不如意或不满意的情状结束就意味着如意或满意的情状将会出现，因此“好了”就表示如意或满意的情状出现了。人们经常说的口头语“这下好了”就表示如意或满意的情状从此出现了。“好”后之所以跟“了”是要表示如意或满意的情状将会随着时间而持续下去。其实以上所说的“病好了”也表示“好”会随着时间而持续。

见面时的问候语也总是“你好”，其寓意就是愿你事事如意。更亲切一点的问候则是“你好吗”，其寓意就是你一切如意吗？

5.12.1.5　表示使交谈的对方满意

在中国人的信念里，使交谈对方满意也是“好”的体现，因而在各种用语里“好”都可以出现于句首，比如，“好！我会按你说的去做”就表示答应对方的要求，“好！就依你说的去办”表示同意对方的意见，“好！我会听老师的话，好好学习”表示愿意遵从父母的嘱咐，“好！你可以走了”表示使对方解脱。总之，这些用语都可以使对方满意。

其实，在回答对方的嘱咐中，往往只用一个“好”字也足以使对方满意，比如妻子对出门的丈夫说“早点回来”，丈夫只回答一个“好”字就可以了。

5.12.1.6　表示满意的效果

效果总是由于动作而产生，所以表示满意效果的“好”总是接于动词之后，比如，“吃好”、“睡好”、“用好”。其实，效果本身就是对动作的评价，所以动词后面的“好”也可以作为对动作的评价。

5.12.2　为什么形容词跟在“好”的后面就能提高形容度？

以上是用“好”来形容事物和动作，其实“好”也可以用来形容性状。因为

“好”表示超出一般,超出一般也就是不同于一般,因此,“好大”就表示不同于一般意义的大,“好多”就表示不同于一般意义的“多”,“好厉害”就表示不同于一般意义的厉害,“好惨”就表示不同于一般意义的惨,“好漂亮”就表示不同于一般意义的漂亮,“好糊涂”就表示不同于一般意义的糊涂。不同于一般意义也就是“非常”,《现代汉语八百词》和《现代汉语词典》都认为形容词前面的“好”有程度深的意义就是这个道理。然而形容词前面用“好”和用“非常”在语用上却有差别,“好”有感叹程度之深的意思,“非常”则只是表示程度深,比如“你好糊涂”和“你非常糊涂”两者的语气就不同,前者对“你”的深度糊涂表示感叹,感叹之下自然就会产生惋惜或怜惜,甚至是同情之意,后者却反而有指斥或抱怨之意。

5.12.3 为什么“好不容易”和“好容易”都能表示同样的意义?

“好不容易”和“好容易”也是两个常用词组,人们都觉得二者的意思相同,但却不知其所以相同的道理,其实也可以用“好”的超出一般的意义来解释。先来看下面两个例句:

(23)好不容易把这件事办完了。

(24)好容易把这件事办完了。

“好不容易”表示超出一般意义的“不容易”,也就是异乎寻常的“不容易”。异乎寻常的“不容易”自然就是“非常不容易”,因此句(23)的意思就是:把这件事办完非常不容易,或者是,非常不容易才把这件事办完。

如上所述,“好”表示超出一般,超出一般就是不同于一般,如果从哲学的角度来理解,不同于一般就是对一般的深度否定,于是“好容易”就表示深度否定一般意义的“容易”,这是第一种推论。按照正常的逻辑,对“容易”的否定是“不容易”,对“容易”的深度否定则是“很不容易”,这是第二种推论。对照两种推论,于是不难看出,“好容易”在意义上就等同于“很不容易”。“很不容易”和“非常不容易”有大致相同的意思,可见句(23)和句(24)的意思基本相同。

在语义上,“好容易”也的确可以理解为不同于一般意义的“容易”,不同于一般意义的“容易”也就是“非常容易”,这样看来,“好容易”就有“很不容易”和“非常容易”两种意思,句(24)用了前一种意思,第二种意思见于下例:

(25)这道题目好容易。

由此可见,对“好容易”的理解要联系其在句中的位置,即句首的“好容易”必须理解为很不容易,句尾的“好容易”则可以理解为非常容易。

5.12.4　为什么用“好不”修饰形容词时能表示肯定?

按以上所说,“好”是对一般意义的深度否定,于是“好不”就表示否定的否定,按照形式逻辑,否定的否定就是肯定,于是“好不”就变成了对一般意义的深度肯定,因此“好不热闹”就等于“很热闹”,“好不痛快”就等于“很痛快”。但这种肯定之义毕竟是逻辑的推断,因此就可以称之为逻辑意义。语义上“好”还是表示不同于一般,因而“好不高兴”就表示不同于一般意义的“不高兴”,自然就是“非常不高兴”,然而按照以上的逻辑推理,“好不高兴”又表示很高兴,这样一来,“好不”就导致了深度肯定和深度否定两种意思,语言事实也确是支持了这一点,例如:

(26)接到入学通知书,我好不高兴!

(27)星期天我们没有去看望老人家,妈妈好不高兴。

前一句的“好不高兴”表示很高兴,后一句的“好不高兴”却表示很不高兴,由此可见,对“好不”的理解也必须联系语境。

虽然在语义上“好不热闹”就等于“很热闹”,但语用上还是有差别的,因为“好”毕竟有赞许和感叹之意,所以就带来赞叹的语气,于是“好不热闹”就体现了对“热闹”的赞叹。总之,由于“好”的多义性,以至于对“好不+形容词”的理解也不能拘泥于某一种。

5.12.5　为什么“好”可以受“很”的修饰?

“很好”也用得非常普遍。“好”能够被“很”修饰的道理是这样的:“好”表示超出一般,也就是超出一般都可以称为“好”,但超出一般也有程度的不同,“很好”就表示超出一般的程度相当高。

5.13 向

(28)a.*出了校门左拐就是汽车站。 b.出了校门向左拐就是汽车站。

(29)a.*汽车很快地前走。 b.汽车很快地向前走。

(30)a.*那个人又向她妈问,又向乡亲问。 b.那个人又问她妈,又问乡亲。

(31)a.*东郭先生只好向狼骂。 b.东郭先生只好骂狼。

以上四个a句是外国学生造的句子,一看就知道都是病句,病因就在于该用"向"时却不用,不该用的"向"却用上了。四个b句则是教师的修改句,从修改句可以看出,用不用"向"与动词有关。不过,可以用"向"不等于需要用"向",需不需要用"向"则又与语境有关,然而什么样的动词可以用"向",什么样的动词不能用"向"?搞清楚这一点是很重要的,否则,尽管了解"向"的指示意义,结果还是可能会造出如上所示的病句。

5.13.1 如何理解"向"的指示意义?

《现代汉语八百词》关于"向"的释义之一是,引进动作的对象。这种解释既笼统,又不明确,什么是动作的对象?"骂你"中的"你"算不算"骂"的对象?然而"向你骂"就是不能成立。这样看来,"向"的指示意义有必要更具体化一些。笔者认为,"向"的指示意义可以归纳为以下几个方面。

5.13.1.1 为空间运动指示方向

表示空间运动的动词就叫运动动词,句(28)中的"拐",以及句(29)中的"走"都是运动动词,其他如"跑"、"飞"、"游"、"驶"、"奔"、"流"等都是运动动词,都可以用"向"为其指示方向,至于位置,既可以在动词之前,也可以在动词之后,如"向前跑"和"跑向前"、"向东方飞"和"飞向东方"的基本意思都一样,不过,语序的差别有时是从语用上考虑,比如在练操时,队长总是叫"向前跑",而不是叫"跑向前",用意就在于先让大家明确方向,然后才开始跑。"去"和"来"是用得最多的两个空间趋向动词。"向学校去"和"向这里来"是两个句式框架。如果要说明去和来的方式是“走”或“跑”，就可以将其插入框架之中，如“向学校走去”、“向这里走来”、“向学校跑去”、“向这里跑来”，这样看来，运动动词在此表示了“去”和“来”的方式意义。

5.13.1.2　指示索取对象

“借”、“贷”、“要”、“买”是表示物质的索取，“学”和“学习”是表示知识的索取，都可以用“向”表示索取对象，例如：

(32)向银行借/贷款。

(33)向妈妈要钱。

(34)向批发商买了一批水果。

(35)向张师傅学技术。

(36)向先进人物学习。

5.13.1.3　指示赋予对象

“发”、“捐”、“献”是表示物质的赋予；“传授”是表示知识的赋予；“宣布”和“报告”是表示信息的赋予。

(37)向工人发工资。

(38)向受灾地区捐款。

(39)向国家献宝。

(40)向学生传授知识。

(41)向下级宣布命令。

(42)向上级报告情况。

5.13.1.4　指示屈服对象

(43)向敌人屈服/投降。

5.13.1.5　指示请求对象

(44)向你请教。

(45)向上级请示。

(46)向我方请求支援。

5.13.1.6 指示情感的表露对象

(47)向你表示热烈欢迎。

(48)向恐怖分子表示强烈谴责。

5.13.1.7 指示敬献对象

(49)向革命先烈致敬。

(50)向客人敬酒。

5.13.1.8 表示展望未来

"要向前看"经常出现于口语中,句中的"前"当然不是指前方,而是指未来,"看"也不是指目视,而是展望的意思。

5.13.2 为什么句(30)和句(31)不能用"向"?

句(30)的动词是"问",句(31)的动词是"骂"。根据词典的解释,"问"的意思是有不知道或不明白的事情或道理请别人解答,"骂"的意思是用粗鲁或恶意的话侮辱人。这样看来,"问"和"骂"本身就有很强的指向性,也就是说,动作的受事就是动作的对象,如"骂你"中的"你"就是"骂"的对象,"问你"中的"你"也是"问"的对象,受事当然不需要用介词"向"来指示。其他如"教学生"中的"学生",既是"教"的受事,也是"教"的对象,所以"向学生教"亦不成立。又比如"告诉他"中的"他",既是"告诉"的受事,也是"告诉"的对象,所以"向他告诉"亦不能成立。相反,"向张师傅学技术"就不能说成"学张师傅技术",在此句中,"学"的对象是张师傅,"学"的受事则是技术,对象和受事不是同一事物。这样看来,一个这样的结论是可以成立的,那就是:如果动作的受事也是动作的对象,那么就不能再用"向"来指示动作的对象。明确这点之后,余下的问题就是将动词梳理一下,看哪些动词能表现出受事和对象的同一性,这种梳理对于汉语的教学(特别是对外汉语的教学)将是很有意义的工作。

5.14　对

(51) a.*他非常感兴趣足球。

b.他对足球非常感兴趣。

(52) a.*他们说了对那位调查人他们的看法。

b.他们对那位调查的人说了他们的看法。

(53) a.*这两年我对在工厂的阿拉伯人教法文。

b.这两年我在工厂教阿拉伯人法文。

(54) a.*对我们学汉语的留学生学会查字典是很重要的。

b.对我们学汉语的留学生来说,学会查字典是很重要的。

以上4个a句是外国学生造的句子,4个b句则是教师的修改句。一看就知道4个a句是病句,之所以会成为病句,还是由于不了解“对”作为介词的意义。

5.14.1　如何理解“对”的指示意义?

《现代汉语八百词》关于“对”作为介词的释义:①指示动作的对象;②表示对待,然而前者没有体现出与“向”的区别,后者更不能给予读者明确的概念,所以这样的释义也非常模糊和笼统。笔者认为,“对”作为介词的句法功能是指示隔距离关联的对象。

普通人自然不会意识到隔距离关联这个概念,然而从生活中却会体察到事物之间虽然隔着距离,也会相互影响,于是就想到在语言中如何来表述这种隔距离的影响。其实隔距离的影响就是隔距离关联的表现,因而表述隔距离影响也就是表述隔距离关联。总的来说,隔距离关联的结构式用“主语+对+宾语”表示。

在零距离关联中,事物直接接触,关联的双方明显,不需要提示。但在隔距离关联中,被关联的一方却需要特别指示,否则关联就失去对象。而且隔距离关联也往往是出于主语的主动,自然就更加需要指示所关联的对象。从语义的角度看,“对”便是用来指示隔距离关联对象的词。这样一来,“对”就表示宾语是主语的关联对象。于是“对”便产生了这样几种句法意义:表示隔距离的针对性；为隔距离传递指示目标和对象；表示隔距离关联的相对性；表示隔距离的施受关系。这四种句法意义都可以用实例来说明：

5.14.1.1 表示隔距离的针对性

(55)他经常对我发脾气。

(56)他对我很好。

(57)中国人民对共产党的领导坚信不移。

句(55)体现了言行和情绪的针对性；句(56)体现了感情的针对性；句(57)体现了信念的针对性。

5.14.1.2 为隔距离传递指示目标和对象

(58)她对我笑了笑。

(59)我对她看了一眼。

(60)我对她说。

“笑”是把脸部表情传给对方，“看”是把视线投向事物，“说”是把语言传给对方，总之，都属于隔距离的传递，“对”便指示传递的目标和对象。

5.14.1.3 表示隔距离关联的相对性

物体的运动有相对性，其实意义也有相对性。比如说，某件事对别人可能不重要，但对“我”却很重要，因为该事关系到“我”的利益，于是汉语的表述便是“这件事对我太重要了”，这种因人而异的现象就是相对性。下面三句也都体现了相对性：

(61)这道题对你不成问题，可是对我却成了难题。

(62)这点钱对富人不值一提，然而对穷人却是半年的生活费。

(63)对我们，没有克服不了的困难。

“对……来说”比单个“对”更能突显相对性，上面三个句子用“对……来说”代换“对”之后相对性更加明显。

5.14.1.4 表示隔距离的施受关系

(64)a.我对她看了很久。 b.我把她看了很久。 c.我看了她很久。

（65）a.我对他很了解。　b.*我把他很了解。　c.我很了解他。

之所以说以上两个a句体现了施受关系是因为都能变为主动宾句，不过，因为"看"是体现着精神力的作用动词，然而"了解"却是非作用动词，所以（64）中的a句可以变为"把"字句，（65）中的a句就不能变为"把"字句。

5.14.2　为什么（51）—（54）中的a句都不合格？

以上所述的四种意义其实就可以作为"对"的语用标准。在句（51）a中，"感兴趣"表示心态的感应，自然要用"对"来指示隔距离的感应源。在该句中，感应源也就是感兴趣的对象，足球便是感兴趣的对象，所以教师就把"足球"前移而成为"对"的宾语，如句（51）b所示。句（52）a中的"对"也应当是指示"说"的对象，因而教师就将"说了"移至"对"的宾语"那位调查的人"之后而成为b句。"教"本来就是面对面的传授，自然不需要用"对"来为其指示对象，所以教师就将句（53）a中的"对"去掉而成为（53）b。句（54）a应当表示隔距离关联的相对性，外国留学生就是相对性的参照对象，用"对"指示参照对象也是可以的，但用"对……来说"比单个"对"更能突显相对性，而且还可以避免歧义。

5.14.3　"对"和"向"的语用意义有何不同？

就关系式来说，"主语＋对＋宾语"和"主语＋向＋宾语"二者基本相似，但在语用上却可用强者和弱者来区分。具体地说，"对"用于主语代表强者，宾语代表弱者；"向"用于主语代表弱者，宾语代表强者。其实这也可以作为"对"和"向"的语用原则，例如：

（66）a.*1945年日本对中国无条件投降。　b.1945年日本向中国无条件投降。

（67）a.决不对困难低头。　b.决不向困难低头。

（68）a.*对你赔礼道歉。　b.向你赔礼道歉。

1945年的日本是战败国，相对于当时的中国自然是弱者，根据以上原则，介词不能用"对"，只能用"向"；在客观上困难是强者，但主观上可以认为困难是弱者，于是介词既可用"向"，也可用"对"；道歉总是弱者的行为，介词也不能用"对"，否则，就会把道歉者本人摆在强者的地位。"向"和"对"的用法比较在下面三句中更为明显：

(69) a.政府对困难者给予经济补贴。 b.*政府向困难者给予经济补贴。

(70) a.遇难船只向我方发出求救信号。 b.*遇难船只对我方发出求救信号。

(71) a.对滥伐森林者进行打击。 b.*向滥伐森林者进行打击。

5.15 给

根据《现代汉语八百词》的解释，“给”的意义大致是：使对方得到；使对方遭受；表示容许、致使，以及引进传递的接受者；引进动作的受益者；引进动作的受害者；表示命令、被动；表示“朝”、“向”、“对”。可以想见，这么多相互无甚关联，甚至是相互对立的意义和功能，对初学汉语的外国学生来说，接受和理解都会有很大的困难，就是我们中国人自己也会是一头雾水，以至于愈学愈糊涂。

俗话说，“万变不离其宗”，只要抓住了宗，万变也就在掌握之中了。上面所说的各种意义，其实都是表现在字面上的语言学意义。如果从物理学的角度来理解，“给”处于主宾之间的意义只有两点：①表示始于主语而达于宾语的传递；②表示主语本身移至宾语。这两种运动都可以形象地表示为“主语＋给＋宾语”。从这个结构式可以看出，“给”既可以作为表示传递的动词，也可以作为指示对象的介词，因为传递本来就是事物的有向移动。语言事实也证明了这一点，比如“奶奶给了我一个大煎饼”中的“给”是表示给予的动词，“奶奶给我吃了一个大煎饼”的“给”则是表示指示的介词。这样看来，“给”的虚化程度不高，也就是说还保留着动词的意义，但是从现实的情况来，“给”的介词功能在不断地扩展，可见虚化还在继续。

5.15.1 “我给你一个例子”和“中国朋友常常用中文给我们故事”是外国学生造的两个病句。外国学生为什么会造出这样的病句呢？

一眼就可以看出，以上两个句子中的“给”都表现了动词的功能，所以都是动词无疑，“你”和“我们”在句中都成了“给”的对象，“例子”和“故事”都成了“给”的受事。一般来说，“给”的受事应当是有形的事物，再就是自己的表情（因为表情也有形），无形的事物不能被感知，因而不能直接给予，必须将其转化成能被感知的信息才能被接受，因此中国教师就插入“举”和“讲”，将其分别改为“我给你举一个例子”和“中国朋友常常用中文给我们讲故事”。不难想象，“举”和“讲”都分别是使“例子”和“故事”成为可传递信息的手段。这样修改之后，“例子”成了“举”的受事，“故事”成了“讲”的受事，于是“给”便由动词变成了介词，“你”和“我们”则成了表示动作对象的介词宾语。这样看来，外国学生是不会使用“给”的介词功能了。其实这也是很自然的，因为英语中的“give”是动词，从不会当介词用，可见以上两句实际上是西式汉语句。

下面三个病句也是由于外国学生不会使用“给”的介词功能而造成的：

(72)*请你常给写信我。

(73)*昨天从我的家乡来了一封信给我。

(74)*很长时间没有写信你了。

其实“给”的介词功能仍然是来自始于主语而达于宾语的传递意义，就以上句(1)而言，“请你常给我信”也是说得通的，甚至“信请你常给我”也可以说，可见句中的“给”就是表示始于主语而达于宾语的传递，“信”则是传递的内容。如果在句中加入动词，就等于是添加了方式或手段的意义，比如“请你常给我写/寄信”，“写”就表示产生“信”的手段，“寄”就表示传递的方式，也就是用“寄”的方式使信传递于我。

5.15.2　如何理解“给”的诱发义？

经常听到“他给了我一个难堪”和“跑了三天营销，给我累得够呛”之类的口语，如果用“让”和“使”替代“给”，基本句意不变，但形象意义却有所不同。“他使我难堪”表示“难堪”是我自己萌发的，而上面第一句却表示“难堪”是他给予的，言外之意当然就是他造成的了。上面第二句中的“累”自然也是“我”自己滋生的状态，客观上这种状态也的确是营销造成的，不过说话人却认为“累”是“营销”给的。其实，“难堪”和“累”都可以认为是客观因素诱发于宾体事物“我”的状态。这样看来，“给”就能够引申出诱发的意义，于是就可以推而广之，凡是由客观因素诱发于宾体事物的动作和状态都可以看作是被给予的内容，比如“好生看着小鸟，你别给它飞了”，“飞”当然是小鸟的动作，但该动作可能由于主语“你”的疏忽而被诱发，因此就表示要好生看着，别诱发它的“飞”。又比如“这是文物,文物只给看,不给摸”,此句把文物只当成“看”的诱发者,而不作为“摸”的诱发者。也就是说,文物只能发出图像信息来诱发“看”,不能将自身移至作为宾体事物的参观者而诱发“摸”,因此才会表示“只给看,不给摸”。

汉语社团认为施事就是为受事而施动,也就是说,如果没有受事,施事的动作就不会产生。按此逻辑,受事就可以看作是引发施事动作的诱因,由此便可以推断,“给”的诱发义就是由于受事或移至施事,或向施事发出信息而产生的。这样看来,诱发义就是基于“给”的传递义而产生的。由于诱发而产生动作,于是在结构上便可以把“给”放在动词的前面,如以上所举例子中的“给看”、“给摸”和“给飞”。如上所述,施事的动作可以认为是由于受事的诱发而产生,但自动动作却不能认为是动作者本身诱发的动作,因此,可以说“饭给吃光了”,但不能说“人给走光了”,因为“饭”是“吃”的受事,而“走”却是“人”的自动动作。不过,施事的动作不一定都能被诱发,比如说,人在土匪面前,就会诱发土匪的绑架行为,于是便可以说“他给土匪绑架了”(“他”是受事,“土匪”是施事,“土匪绑架了他”),然而在上司面前,却不会诱发上司对他的“提拔”,因为提拔与否并不决定于他,所以就不能说“他给上司提拔了”,只能说“他被上司提拔了”,这样看来,“给”能不能产生诱发的意义还与语言所描述的境况有关。被诱发的动作往往是损害受事的动作,这是因为损害受事的动作才会使施事从中得到好处,从而激发出施事的兴趣。《现代汉语八百词》说“给”有遭受之意便是由此而来。也正因为如此,“给”的诱发义就能够体现出被损害的受事得到同情的情状,比如,“这笔款子又给贪污了”就体现了说话人对“这笔款子”的同情。如果这笔款子是用来建希望小学,就不会说“这笔款子又给建了希望小学”,而是说“这笔款子又用来建了希望小学”。

5.15.3 用“给”表达遭受和用“被”表达遭受在语用上有什么区别?

“赈灾款给村长挪用了”和“赈灾款被村长挪用了”都表达了赈灾款的遭受,但是语用意义却有差别,前一句表示赈灾款趋向于村长而诱发了他的挪用行为,后一句表示赈灾款直接遭遇了村长的挪用行为。虽然都是受损者,但作为诱发者是有责任的,不过,责任的承担者应是管理赈灾款的人,因为赈灾款不会自己移向村长,因此,以上“给”字句便可以进一步引申为“把”字句“财务管理员把赈灾款给村长挪用了”，然而以上的“被”字句却不能加“把”而变为“财务管理员把赈灾款被村长挪用了”。“他给土匪绑架了”和“他被土匪绑架了”两句也与此类似，在说话人看来，他作为绑架行为的诱发者也是有责任的。这样看来，虽然都表达主语的遭受，但“被”字句比“给”字句更能体现说话人对主语的同情。

5.15.4　“给”前的动词表现了什么样的句法意义？

先来看下面的例句：

(75)给你100元钱。

(76)送给你100元钱。

(77)借给你100元钱。

从语义上看，句(75)只表示给予，但不明确给予的方式和性质；句(76)明确表示是“送给”，言外之意是不要还；句(77)明确表示是“借给”，言外之意当然是要还了。对动词而言，“给”赋予其向性，也就是为动作指示目标对象，从这点来看，把“给”作为复合动词的后缀是有道理的。显然，以上三句的指示对象都是“你”，这样看来，前置动词实际上是为“给”定性，而“给”则是为前置动词定向。

5.15.5　为什么人们在口语中喜欢用“给”代替“向”？

从日常的语言交流中可以看到很多用“向”表示的地方逐渐用“给”代替，比如“向老师敬礼”就置换为“给老师敬礼”，“向客人敬酒”也可以置换为“给客人敬酒”。

从表面上看，用“给”代替“向”似乎是一个操作问题，实际上其深含哲理，是值得深究的逻辑问题。如上所述，“给”表示传递，“给老师敬礼”就表示学生用“敬”的方式把“礼”传递于老师，当然就有希望老师接受之意。“向老师敬礼”只表示敬礼的对象是老师，因此用“给”就比用“向”更显得学生主动而诚恳。敬酒也是如此，“向客人敬酒”只表示敬酒的对象是客人，“给客人敬酒”则表示主人用“敬”的方式把“酒”传递于客人而希望客人接受。正因为“给”暗含希望接受之意，所以“给你赔礼道歉”就比“向你赔礼道歉”更能表达道歉人的诚意和心愿。如果说话人把自己摆在宾语的地位，则“给”能表现说话人的渴望和企求，比如孩子们经常说的一句话“给我讲故事”就体现了这种寓意。虽然“向我讲故事”

也说得通，但“向”只表示我是“讲”的对象，“给”却表示把故事传递于我而为我所接受，“讲”在此成了传递的手段，可见用“给”和用“向”的语用效果是不一样的。如果从物理学的角度来理解，“向”只表示方向，“给”则表示有方向的运动，自然就会导致语用效果的不同了。

正由于“给”表示付出，所以“给”只能用于付出性的行为，索取性的行为就不能以“给”代“向”，比如“向你们学技术”就不能说成“给你们学技术”，“向你借钱”也不能说成“给你借钱”，因为学技术和借钱都是索取性的行为。

总之，由于“给”更能体现说话人的诚意，因此在语言的交流中用“给”代替“向”有愈来愈多的趋势，在口语中更是如此，能用“给”的地方尽量不用“向”。这样看来，“给”字应用的扩展是语言礼貌化和文明化的体现。

5.15.6 如何理解“给”的指示意义？

如上所说，“给”的本质意义是表示始于主语而达于宾语的传递，但同时也表现着各种不同的指示意义。所谓指示意义就是指出其后面的宾语表示什么。总的来说，“给”有六种指示意义，下面就六种指示意义而分别予以论述：

5.15.6.1 “给”后面的动词如果是表示付出的动作，则宾语表示目标对象

(78)学生给老师敬礼。

(79)我给你老人家送贺礼来了。

(80)我给老同学发电子邮件。

“敬”表示有礼貌地送上，“送”表示把自己的东西给予别人，“发”表示送出，可见“敬”、“送”、“发”都是含有方向意义的动作。显然，“给”是为这些动作所导致的行为指示目标，被指示的目标就称为目标对象。于是，句(78)表示“敬礼”的目标对象是老师；句(79)表示“送贺礼”的目标对象是“你老人家”；句(80)表示“发电子邮件”的目标对象是“老同学”。其实以上三句中的“给”仍然是表示传递，比方说，句(78)表示“礼”由“学生”通过“敬”的方式传递于“老师”；句(79)表示“贺礼”由“我”通过“送”的方式传递于“你老人家”；句(80)表示“电子邮件”由“我”通过“发”的方式传递于“老同学”。

宾语表示目标对象的“给”字句可用“向”取代“给”而成为“向”字句。以上

三句就可以依次地变为“学生向老师敬礼”、“我向你老人家送贺礼来了”、“我向老同学发电子邮件”,《现代汉语八百词》说“给”能表示“向”之意便是源于此。

5.15.6.2　“给”后面的动词如果表示人对事物的摄入(如“吃”、“看”、“喝”),则宾语表示供应对象

(81)奶奶给我吃了一个大煎饼。

(82)我给她看了一张年青时的照片。

(83)妈妈给爸爸喝了葡萄酒。

显然,“吃”、“看”、“喝”都不是句中施事的动作,而是作为宾语的“我”、“她”和“爸爸”的动作,然而如果不是施事的给予,这些动作是产生不了的。如上所说,给予就是主宾之间的传递。具体地说,如果不是一个大煎饼由奶奶传递于我,我的“吃”就不会发生;如果不是一张照片由我传递于她,她的“看”就不会发生;如果不是葡萄酒由妈妈传递于爸爸,爸爸的“喝”也不会发生。这样看来,“吃”、“看”、“喝”都是诱发于宾语的动作。这些动作都是为满足需要而发生,作为宾语的动作者自然就是被供应的对象了。

5.15.6.3　“给”后面的行为词如果表示服务性的行为,则宾语表示服务对象

(84)我给爸爸擦皮鞋。

(85)护士给病人量体温和血压。

(86)你给我去商店买双鞋。

“擦皮鞋”、“量体温和血压”以及“去商店买双鞋”都是服务性的行为,与以上不同的是,服务性的行为都发生于主语,这是因为主语代表服务者,于是以上三句中的“给”就表示主语移至宾语,否则,服务性的行为就不可能进行。服务性行为的接受者自然就是服务对象。正因为“给”的宾语可以表示服务对象,所以就可以用“为”或“替”取代“给”而不会改变原意,比如,句(84)就可以变为“我为/替爸爸擦皮鞋”;句(85)也可以变为“护士为/替病人量体温和血压”;句(86)也可以变为“你为/替我去商店买双鞋”。从逻辑上说,服务就是通过服务性行为的付出而使行为的接受者获益,《现代汉语八百词》说“给”引进动作的受益者就是这个道理。

5.15.6.4 “给”后面的动词或词组如果表示损害，主语表示损害者，则宾语表示损害对象

(87)工业污染给环境造成了巨大的破坏。

(88)不肖儿子老给家里添乱。

(89)儿子的死给父母带来了巨大的悲伤。

可以看出，“巨大的破坏”是工业污染造成的，家里的“乱”是儿子添加的，“悲伤”是儿子的死带来的，尽管用词不同，但“造成”、“添”和“带来”都出于“给”所表示的传递，也就是都表现为传递的方式。环境、家里和父母都因此而受到了损害，自然是损害对象了，《现代汉语八百词》说“给”引进动作的受害者就是这个道理。

5.15.6.5 “给”后面的动词或词组如果表示损害，主语表示受害者，则宾语表示损害者

(90)她的儿子给土匪绑架了。

(91)刚买的书就给儿子撕破了。

与以上相同的是，“给”后面的动词或词组都表示损害，所不同的，主宾的地位对换了，也就是主语由以上的损害者变成了损害对象，宾语则由损害对象变成了损害者。其实这里也可以用“给”的诱发义来解释，那就是：句(90)的“给”表示儿子诱发了土匪的绑架行为；句(91)的“给”表示书诱发了儿子的撕书行为。

5.15.6.6 宾语表示服从对象

人在生气时往往会这样训斥对方：

(92)你给我滚出去！

(93)你给我走开！

“滚出去”和“走开”都是作为主语“你”的动作，自然不是诱发的动作，但该动作之所以发生却是受了“我”引发的缘故，目的是要“你”顺从“我”的意志，当着我的面离开原来的位置，可见“我”作为宾语是服从的对象。这样看来，“给”的本质意义还要扩充一条，那就是：表示由于宾语的影响而离开原来的位置。其实句(86)也有这个隐含义，那就是，为了服务于“我”而离开原位去了商店。

(94)你给我听好了,睡觉之前必须做完作业!

这是家长对孩子常说的一句口语,“你给我听好了”的隐含意就是:你把耳朵递过来,好好地听。此句中的“我”当然也成了服从对象。

5.15.7 如何分析“给”字句的歧义

如果一种行为动作同时具有几个方面的意义,比如说,既有方向意义,又有服务意义,那么,这种行为动作用“给”字句表述时就会出现歧义。如《现代汉语八百词》上所举的两个例句“你给他打个电话,说他在我这儿有事”和“你给他打个电话,叫他马上到我这儿来”,两句的前半句都是“你给他打个电话”,打电话是有方向意义的行为,同时也潜藏着服务意义。假设说此话者是某单位领导,打电话者(也就是句中的“你”)是他的秘书,显然,在第一句中领导把已经在此的“他”看作是打电话的服务对象,也就是电话为他而打,接电话者为对方另外的人,于是,领导说了“你给他打个电话”之后才会接着嘱咐秘书“说他在我这儿有事”,意思就是他不回去了,这就是前一句的意思。在第二句中领导把不在此地的“他”看作是打电话的目标对象,也就是接电话的人,于是,说了“你给他打个电话”之后才会接着嘱咐秘书“叫他马上到我这儿来”。由此可见,“你给他打个电话”这一句的歧义就是来自对宾语“他”的不同认识。又比如“你给我站起来”,如果此句是出自一个不能自己站起来的病人之口,“你给我站起来”的隐含义是表示我是你的服务对象,当然就是要求你扶我站起来的意思。如果此话是一个小学教师对坐着的学生说的,“你给我站起来”中的“站起来”就是作为学生的“你”的受命行动,作为宾语的“我”就成了服从对象。显然,“你给我站起来”的歧义也是来自对宾语“我”的不同认识(也就是自我认识)。这样看来,对“给”的指示对象的不同认识都会导致“给”字句产生歧义,或者说,对指示对象的不同认识是产生歧义的原因。

5.16 为

“为”在古汉语中用得很普遍,现在主要用于书面语,但也用得不是很普遍,至于在口语中的“为”则大都作为介词使用，表示目的、动机或动因。

5.16.1 “为”的目的、动机或原因之意是如何引申的？

“为”原为做的意思，如“尽力而为”、“敢作敢为”、“为非作歹”等。现在将其进一步引申为充当，如“拜他为师”、“选他为人民代表”等。事实上这两句话的“为”都可以用“做”和“充当”替代而句意不变（“选他做/充当人民代表”），可见“为”的“做”和“充当”之意是对的。就逻辑关系来分析，“拜他为师”可以这样来理解：“为师”是“拜他”的目的，也是“拜他”的动机。同样，“选他为人民代表”也可以理解为“为人民代表”是“选他”的目的和动机。可以看出，“师”和“人民代表”都分别成了“拜”和“选”的目的对象。因为目的也可以成为原因，于是便可以将“为师”和“为人民代表”提到前面而成为“为师而拜他”和“为人民代表而选他”，这样看来，目的对象前移之后，其前面的“为”不表示“做”或“充当”，而是引介动因，后接的词语则表示动因所引发的行为动作。这样的语序很有一般性，例如：

(95)他每天为工作(而)操劳。

(96)大家都为这件事(而)高兴。

句(95)表示他是因为工作而操劳；句(96)表示大家因为这件事而高兴。这两句的“为”后只跟名词，既然是原因和目的，当然就可以用词组，甚至是小句表述，例如：

(97)为避免差错，最好再检查一遍。

(98)为人类的和平与发展作贡献。

“为”作为介词本来就来自动词，也就可以加“了”和“着”，表示动因的持续性。不过“了”和“着”也不是非加不可：

(99)为(了)培育下一代，我愿意终身从事教育工作。

(100)为(着)一点家庭小事，兄弟俩竟成了互不理睬的陌生人。

5.16.2 “为什么”的询问原因之意是如何产生的？

所谓疑问，实际上就是询问原因或道理，比如小孩子问大人“鸟为什么会飞”，其目的就在于询问鸟之所以会飞的原因，显然此意是来自“为什么”。因此，现在要探讨的问题便是“为什么”是如何产生询问原因之意的。

“什么”是未知事物和未知事情的泛指，于是“什么”就可以作为名词使用，如“这是什么”、“你来这里做（干）什么”等。“什么”的后面再接一个名词就成为了未知事物和未知事情的类指，于是“什么”也就可以作为形容词使用，如“你听到什么消息”、“他说了什么话”和“今天我们吃什么菜”等，“什么消息”、“什么话”和“什么菜”等都是尚未知道的类指。如果将“什么”作为名词而取代句(95)、句(96)、句(99)和句(100)中“为”后的语词，则该四句分别变为：

(101)他每天为什么操劳？

(102)大家都为什么高兴？

(103)为什么我愿意终身从事教育工作？

(104)为什么兄弟俩竟成了互不理睬的陌生人？

这样置换之后，“为什么”便成了“操劳”、“高兴”、“我愿意终身从事教育工作”和“兄弟俩竟成了互不理睬的陌生人”的未知原因。又比如两个人的对话，问：“他们俩为什么吵架？”答：“就为一点家庭小事。”由此可见，未知原因用于语言交流时的提问就成了想知道的原因，“为什么”的询问原因之意便是这样来的。

5.16.3　“因”也可以表示原因，和“为”表示的原因在意义上有何区别？

“因”也表示原因，为了将其和“为”对照，就用“因”和“为”分别造出如下面所示的a和b两个句子：

(105)a.我们因这个问题讨论了一上午。　b.我们为这个问题讨论了一上午。

可以看出，a句表示，讨论是因这个问题而进行；b句表示，讨论是为这个问题而进行。显然，a句中的“我们”就表现了被“这个问题”操控的被动性，b句中的“我们”则表现了操控“这个问题”的主动性。为了进一步看出问题，又用“因”置换句(95)中的“为”，则该句就变成了下列的样式：

(106)他每天因工作(而)操劳。

主动地为工作而操劳和被动地因工作而操劳是两种不完全相同的表现，这样看来，“因”就偏重于表示客观原因，“为”就偏重于表现主观动机。主观动机实际上就是主观原因。由此可见，“因”和“为”结合而形成的“因为”就可以视为客观和主观的结合，从而拓宽了其表述的范围。

5.16.4 “为”紧接动词之后表现了什么样的句法意义？

首先来看四个例句：

(107) a.*人们都把他称能人。　　b.人们都把他称为能人。

(108) a.*计划生育被列我国的国策。　　b.计划生育被列为我国的国策。

(109) a.*大熊猫被定濒危动物。　　b.大熊猫被定为濒危动物。

(110) a.*通行的信号表示绿色。　　b.通行的信号表示为绿色。

以上句(107)是“把”字句，句(108)和句(109)是“被”字句，句(110)为主动宾句。令人困惑的是，为什么以上四个a句不能成立，加了“为”的四个b句才能成立？不过有一个事实是清楚的，那就是，“把”字句和“被”字句都要求显示结果，这样看来，“为”就有表示结果的意义。“为”的词义之一是“变成”，“变成”就是变化结果的出现，于是“为”就有表示变化结果的意义，前置的动词则表示变化的方式或手段。句(110)虽为主动宾句，其中的“为”照样是表示变化结果之意。如果作出全面解释，句(110)b的隐含义是：用“表示”作为手段使通行的信号变成绿色。

5.17 有

关于“有”的传统解释是：“她有两个孩子”的“有”表示领有；“他有病”的“有”表示具有；“树上有两只小鸟”的“有”表示存在。‘领有’、“具有”和‘存在’显然不是一样的意思，然而令人困惑的是，为什么“有”在结构相同的句子中竟然要作不同的理解呢？不但“领有”和“存在”的意义不同，而且“领有”是对主语而言，“存在”是对宾语而言。如果用语义指向来说明问题，那就是，“有”的语义在“她有两个孩子”之类的句子中指向主语，在“树上有两只小鸟”之类的句子中指向宾语，指向的不一致更说明传统解释有自相矛盾之处。然而传统解释却符合人们的语感，看来在深层必有一个能统一“领有”、“具有”和“存在”的解释，于是，探讨这个统一的解释就成了问题的焦点。其实，用“领有”和“具有”来解释“有”等于是用“有”来解释“有”，自然不能令人信服。

5.17.1　“有”的本质意义是什么？

就按传统语法所说，“有”的意义之一是表示存在，“没有”自然就表示对存在的否定了，然而单独一个“没”也可以否定事物的存在，比如“今天没水，又没电”、“屋内没人”、“她没钱看病”都可以说。“没”后不需跟“有”也能否定存在的事实说明“有”的存在之义很值得怀疑。然而存在之义毕竟还是符合人们的语感，于是就只能认为，“有”并不直接表示存在，而是表示对存在的确认。比如，“今天雨”就没有确认今天的雨是否存在，因而该句不能表达确定的意义，“今天有雨”就确认了雨的存在。根据词典的解释，确认事物存在及其真实性就是对该事物的肯定，这样看来，表示肯定就是“有”的本质意义了。口语中经常出现“有能力”、“有智慧”、“有成就”和“有准备”之类的话，其中的“有”也确实体现了说话人对“能力”、“智慧”、“成就”和“准备”之类的肯定，而不是直接表示它们的存在。“有请”更是成为了口头的客套语，意思就是我对你的邀请是肯定的。“肯定”属于动词，所以语言学家就把“有”也当作了动词。

5.17.2　如何理解“有”介于主宾之间的句法意义？

就拿以上所举之例“今天有雨”来说，可想而知，人们在说这句话之前就在脑子里确认了雨在今天的存在，其根据就是雨占据了今天的时间，因为存在就是事物对时间和空间的持续占据。人们当然不会去这样理解，不过的的确确是感触到了雨的真实性。真实性就意味着雨是真实地存在于时空之中。如果把“雨”看作是占据者，把“今天”看作是占据对象，因为占据者必须依存于占据对象，作为语言的表述，“雨”对“今天”的这种依存关系当然要用一个词来表示肯定，“有”便是用来肯定这种关系的词。为什么“有”能够承担这个任务呢？这是因为“有”能够用来表示肯定的缘故，“今天”是表述中的已知时间，于是就把作为占据对象的“今天”表述为主语，把作为占据者的“雨”表述为宾语，因为宾语都代表动作的对象，这样一来，作为宾语的“雨”自然就是被肯定的对象了，于是排列的语序便是“今天＋有＋雨”。这种语序作为结构式推演到一般便是“主语＋有＋宾语”。从此式可以看出，“有”自然而然地成为了主宾依存关系的肯定者。于是便可以认为：表示宾语依存于主语是“有”介于主宾之间的句法意义。比如“树上有两只小鸟”就是用“有”来表示“两只小鸟”依存于“树上”这个空间，“她有两个孩子”也是用“有”来表示“两个儿子”依存于“她”，“他有病”更是体现了用“有”来表示“病”对“他”的依存意义。

5.17.3 如何理解“有”的主观性？

宾语对主语的依存性不一定都是客观存在的，只要主宾之间有公认的领属关系就可视为有依存性，比如说，母亲和儿子之间就没有客观上的依存关系，但却有公认的领有与隶属的领属关系，这种关系也被说话人认为是依存关系而可以用“有”表示为“她有两个儿子”。由此可见，“有”的领有之意完全是出自说话人的主观认定，这样看来，“有”的使用就有很大的主观性，也就是说，只要说话人认为主宾有依存关系就可以用“有”介于其间，比如，“你这么蛮不讲理，我看你有神经病！”之类的话就间或出现于口语之中，显然，“神经病”依存于“你”完全是说话人的主观认定，客观上这种依存性并不存在。

5.17.4 为什么“有”后可以跟“了$_1$”和“过”？

主宾之间的“有”可以加“了$_1$”表示依存关系的实现，加“过”表示依存关系已经过去，同时也可以用“没”表示对依存关系的否定，例如：

(111)他终于有了一个幸福的家。

(112)他曾经有过一个幸福的家。

(113)他至今还没有自己的房子。

5.17.5 如何理解“很有”的语用原则？

既然主宾之间的“有”表示宾语依存于主语，那么，主宾之间的“很有”就表示宾语依存于主语达到相当高的程度。高的依存度表现为强度很高的宾语对主语的依存，比如“他有很强的能力”就表示很强的能力依存于“他”，按照以上定义，很强的能力依存于“他”就可以表述为“他很有能力”。照此类推，“他有很强的事业心”和“他有很强的上进心”也可以分别表述为“他很有事业心”和“他很有上进心”。然而“他有很多书”就不能表述为“他很有书”，这是因为“书”的内部无度的差别之故，而“能力”的内部则有度的差别，正因为如此，就可以说“他的能力很强”和“他的能力很低”。可度才能用“很”定到相当高的程度,不可度则不能,这样看来,允许“很有”前置的宾语必须内部可度,“能力”的内部可度,其他如“个性”、“想象力”、“礼貌”,以及“特色”之类的名词都内部可度,因而都可以允许“很有”前置而构建下列各句:

(114)他很有个性。

(115)他很有想象力。

(116)这孩子对人很有礼貌。

(117)中国的社会主义很有特色。

“儿子”和“房子”都内部不可度,都不允许“很有”前置,因此“他很有儿子”和“她很有房子”都不能成立。

中国人认为,病有大小之分,但无程度之分,因此“她很有病”也不能成立。

钱虽然是客观事物,但它已成为了人的生存要素,其根据就是“钱”已严重地影响着人的属性,比如,富人和穷人就是以钱的多少来区分,事实上,钱的多少直接决定着富有的程度,可见“钱”的内部能够体现出富有程度的差别,于是便可将“很有”前置于“钱”,以至于“他很有钱”能够成立。

“他很有书”不能说,但“他很有几本书”却能说,然而“他很有十本书”却又不能说,这是何故?其实原因仍然是宾语内部可度与否的问题。以上三句的宾语依次为“书”、“几本书”和“十本书”,上已说明,“书”内部不可度,但“几本书”则是内部可度,因为几本书表示二本书到十本书的范围,“很有”就表示范围中偏高的几本依存于“他”。“十本书”是确定的数字,确定的数字无度可言,当然就不允许“很有”前置。如果用“泛指”表示对一个范围的指定,用“确指”表示对一个确定数的指定,就可以得到这样的认识:泛指宾语允许“很有”前置,确指宾语不允许“很有”前置。“几个”、“一笔”和“一些”是泛指,都允许“很有”前置,“三个”、“一大笔”和“许多”是确指,不允许“很有”前置,例如:

(118)a.他很有几个朋友。　　b.*他很有三个朋友。

(119)a.他很有一笔财产。　　b.*他很有一大笔财产。

(120)a.他很有一些文物古董。　　b.*他很有许多文物古董。

5.17.6 如何理解“有”后跟“着”的意义？

宾语对主语的依存可分为两种：①暂时性的依存；②永久性的依存。所谓暂时性的依存就是依存一段时间后，作为依存者的宾体事物不依存于主体事物了，也就是独立地存在了。这发生于两种情况：①依存关系的解除；②作为被依存者的主体事物失去。比如“他有很多书”就从侧面表示“很多书”不会因为依存关系的解除（比如，对书的所有权的转移）而不存在；“他有两个儿子”也从侧面表示两个儿子不会因为他的死去而不存在。然而人的器官和品质却会因为人的消失而不存在，这就意味着器官和品质依存于人的永久性。表述永久性依存的方法是将依存关系依附于表示为宾语的依存者，具体的操作就是将表示依附的“着”加于表示依存关系的“有”之后，例如：

（121）她有着一双乌黑的大眼睛。

（122）他有着许多优秀的品质。

（123）他有着不可告人的目的。

（124）a.*他有着两个儿子。 b.他有两个儿子。

眼睛自然依存于人，如果“她”不存在了，“乌黑的大眼睛”也就随之而消失，同样，“优秀的品质”和“不可告人的目的”也会因“他”的消失而不存在。总之，“有着”表示宾语必须永久性地依存于主语。与此相反，“儿子”却不会因为父亲的死去而不存在，因此，用“有着”表示的句（124）a不能成立。正因为“有”也可以表示依存关系，所以“有”后面的“着”也不是非要不可，比如句（121），不加“着”的“她有一双乌黑的大眼睛”也是说得通的，但语气就没有那么重了，可见“着”就有加强语气的作用，也就是强调宾语对主语依存的永久性。认识这点有很重要的语用意义，因为“有着”经常用于书面语，特别是文艺小说，以往只是凭着语感来使用，现在知道了使用的原则，自然就可以尽量避免由此而引发的病句。

5.17.7 为什么“有”可以接在动词的后面？

“有”也经常用在动词的后面，可以比较下面三句：

（125）a.铜镜上刻有花纹。 b.铜镜上刻着花纹。 c.铜镜上刻了花纹。

以上a句用“有”表示“花纹”以“刻”的方式依存于“铜镜上”；b句用“着”表

示铜镜上“刻”的状态对“花纹”的依附，自然表示花纹被刻在铜镜上了；c 句用“了”表示在铜镜上“刻花纹”的实现。可以看出，三句都是描述花纹在铜镜上的存在，但角度不同。

5.18 没　有

如上所说，“没”是表示对存在的否定，“有”是对存在的肯定，可见“有”和“没”的意义才是对立的。从字面上看，“没有”是肯定的否定。从逻辑上来分析，肯定的否定也必然导致否定，因此“没有”也就能够表示对存在的否定。然而“没有”也用来否定动作已经发生，这就很值得思考了。

5.18.1　为什么“没有”也用来否定动作已经发生？

动作发生后必定产生效果，效果或表现为宾体事物的变化，或表现为宾体事物受到影响，比如“吃”发生后，会把饭消灭，“洗”发生后，会使衣服变干净，“打”发生后，会使被打者受到伤害，如果这些动作不发生，这些效果统统不会产生。由此看来，否定动作的发生就是否定动作效果的存在。产生效果的动作实际上就是动因，效果不存在就说明动因也不存在，由此可见，否定动作的发生实际上就是否定动因的存在，如上所说，存在的否定是用“没有”表示，因此“没有”也就用来否定动因的存在。这样看来，“没有”后面的动词实际上是名物化了的动名词。

5.18.2　“没有”和“了$_1$”能够同现吗？

有人说“没有”和“了$_1$”不能同现，其实是可以同现的，不过同现的句子不是“没有吃了饭”，而是“吃了饭没有？”

英语现在完成体的肯定式是“have/has ＋过去分词”，否定式是“have/has ＋not＋过去分词”；汉语完成体的肯定式是“动词＋了”，否定式是“没有＋动词”，对比之下似乎觉得英语完成体的肯定式和否定式有对称性，汉语完成体的肯定式和否定式没有对称性。于是，在某些人看来，根据对称性的原则，汉语完成体的肯定式应该是“有＋动词”。

其实英汉两种语言对于肯定式和否定式的表达体现着两种逻辑。英语的逻辑是：不肯定就是否定，没有中间状态，或者说，肯定的否定依然是否定。按照这种逻辑，只要在肯定式中加入否定词就成为否定式。具体地说，就是在肯定式的完成体"have/has＋过去分词"中加入"not"就成为否定式的完成体，这就是形式逻辑。汉语的逻辑是：动作只有持续了一个时间过程才能肯定，所以汉语的肯定式完成体就表示为"动词＋了"。否定就是动作未曾发生，"没有"便是否定动作已经发生的词。未曾发生的动作自然无持续可言，由此可见，否定只可能在动作持续之前，而不能在动作持续之后，"没有"和"了₁"同现就意味着否定是在动作持续之后，这当然就与所述的逻辑相悖。就以吃饭而言，"没有吃饭"就表示"吃"这个动作未曾发生，未曾发生的动作自然不会有完成体出现，因而"没有吃了饭"不能成立。"吃了饭没有？"是一个疑问句，如果将其说全，就是"吃了饭还是没有吃饭？"不过"没有了饭"是可以说的，但通常的说法是"饭没有了"，意思就是饭不存在的过程会延续下去，"没有饭了"也是可以说的，意思就是"没有饭"的情状会维持下去，这样看来，"没有"和句尾"了"是可以同现的。

5.18.3 为什么"没有"能够和"过"同现？

的确，"我没有看了这本书"不能成立，但"我没有看过这本书"却能够成立，为什么？问题可以这样来理解："没有看过这本书"表示没有用"看"的方式越过这本书所占据的时间，换句话说，这本书虽然占据着时间（也就是虽然存在），但我没有用"看"的方式去经历它，就好像"我没有走过一座桥"是表示我没有用走的方式过一座桥一样。由此可见，"没有"和"过"同现是很自然的。当然，不同现也是可以的，比如以上句子就可以去掉"过"而说成"我没有看这本书"。由此也可以看出，在否定句中，"过"不是必然要出现的助词。

其实"过"是表示过去时域中的动作过程，因此上面的例句"我没有看过这本书"也是对一个看书过程的否定。该句也可以看作是过去时的否定式，拿掉"没有"之后的"我看过这本书"则可以认为是过去时的肯定式，这样看来，过去时的肯定式和否定式倒有对称性。

5.19　不

(126) a.*我不有笔和纸。　　b.我没有笔和纸。

(127) a.*我从来不用过筷子。　　b.我从来没用过筷子。

(128) a.*每天下午我们有各种活动，没上课。b.每天下午我们有各种活动，不上课。

以上三个a句是外国学生造的句子，一看就知道都是病句，病因就在于没有分清“不”和“没”的区别，该用“没”时却用了“不”，该用“不”时却用了“没”，这样看来，在对外教学中讲清楚“不”和“没有”的不同语用意义实在很有必要。

5.19.1　为什么“不有”不能成立？

经常可以听到这样的问话：“你吃饭吗？”肯定的回答是“我吃”，否定的回答是“我不吃”，从这里可以看出，“不吃”是否认“吃”的动作将会发生。如上所说，“没有”放在动词的前面表示否认动作已经发生，对比之下，“不”放在动词的前面则表示否认动作将会发生。比如“客人不来了”就是否认客人的“来”将会发生。将会发生的动作还未成为客观事实，这样看来，“不”不能表示对客观事实的否定。客观事实就是存在着的事实，于是便可以推知，“不”不能用于否定存在。因为“有”是肯定客观存在，所以“不”不能和“有”搭配，也就是不能用“不”修饰“有”，故而“不有”不能成立，“没”能够否认客观存在，因此“没有”才能够成立。

5.19.2　为什么否定经常性和习惯性的动作要用“不”，而不能用“没(有)”？

从哲学的角度来理解，发生就是动作开始占据时空，于是“没有”就否认动作已经占据时空，“不”否认动作将会占据时空。也可以说，“没有”表示动作未占据时空，“不”表示动作不会占据时空，由此可见，“没有”只能表示过去的不存在，而不能表示现在和将来的不存在，“不”则能表示现在和将来的不存在，例如：

(129) a.从现在起我不喝酒了。　　b.*从现在起我没有喝酒了。

应当发生而不发生就是习惯性的不存在，(128)的b句所述便是这种情况。

习惯性的不存在所涉及的时间是从过去到将来的整个时区。当然，现在和将来的不存在都可以用“不”表示，其实过去的不发生也可以用“不”表示，比如“昨天下午因为有活动，所以不上课”就可以说。然而现在和将来的不存在却不能用“没有”表示，因此，习惯性的不存在只能用“不”表示，例如：

(130) a.他经常不吃早餐。　　　　b.*他经常没有吃早餐。

5.19.3 为什么“不”和“过”不能共现？

如上所述，动词后面的“过”表示过去时域中的一个动作过程，可以用“没有”对其否定，但是却不能用“不”来对其否定，原因就是“不”不能用于否定动作已经发生，就因为这个道理，所以“不”和“过”不能同现，如(127)的a句所示。然而要说明的是，“不过”作为副词和连词不能认为是“不”和“过”的同现。

5.19.4 对已经发生的事件作假定性的否定为什么也可以用“不”表示，例如“如果昨天不开车去旅游，这场车祸就完全可以避免”？

对已经发生的事件作假定性的否定有两种样式：①站在现在的立场上假定事件未曾发生；②站在当时的立场上假定事件不发生。如果是前者就用“没有”表示否定，如“如果昨天没有开车去旅游，这场车祸就完全可以避免”；如果是后者，就用“不”表示否定，如“如果昨天不开车去旅游，这场车祸就完全可以避免”。由此可见，对已经发生的事件作假定性的否定既可用“没有”表示，也可用“不”表示。

第6章　关于几个典型句式的问题

汉语的句子虽然无限，但却可以归纳为有限的一些句式，而且可以用不同的句式来描述同一件事。描述同一件事的不同句子虽然分属于不同的句式，但却因为所描述的事件相同而有同样的语义，然而形象意义却不一样，比如，“我给他一本书”和“我把一本书给他”的形象意义就不一样，但是两句都描述了同一件事，因此语义也就相同，这样看来，每一种句式都有其固定的形象意义，这是汉语的一大特点。汉语之所以会出现许多种句式，也正是为了构建不同的形象。显然，描述同一件事的不同句子可以互相转换而语义不变，这也说明了一个事实，那就是：事情只有一件，描述的方法却可以有多种。之所以如此，就是因为描述的角度不同，描述的角度不同自然就会呈现不同的形象。

语言交流若只注重语义而不考虑形象意义，交流就会生硬而呆板，我们说小孩子的语言简单，就是因为小孩子不会考虑形象意义，只会表达语言意义。高明的说话技巧就是善于用具有最佳形象意义的句式来表达语意。文学作品的优秀也首先表现在语句中能体现出最佳的形象。最佳形象也就是最适应于所处语境的形象。能表现最佳形象的句式自然就是最佳句式了。然而要学会选择最佳句式就必须懂得各种句式的形象意义，不过，就目前的水平来看，中国人对句式的形象意义也只是感知，而不能认知。感知以后只能使自己心知，不能说出，认知以后才能说出而使别人知道，由此可见，从理性上讲清楚各种句式的形象意义对教学是很有意义的一件事。

汉语特别重视事物之间关系的描述，并认为关系是通过动词而体现。介于主宾之间的动词便体现着主宾之间的各种关系，然而这种体现却不明朗，于是汉语便另造介词句来凸显某种专一的关系，因此汉语的句式便可分为基本句和介词句两类。

其实，以上各章的论述都已涉及各种句式，尤其是对虚词和趋向动词的解答更是没有脱离动趋句和介词句。下面就几种典型句式来予以论述。

6.1 主谓句

在交谈中，人们往往首先提出话题，然后就是陈述话题。在话语中话题便表示为主语，陈述部分便表示为谓语，主谓句便由此而得名。英语句的谓语是以动词为核心，然而汉语没有动词也能成句，因此汉语的主谓句便较之英语的主谓句宽松得多，而且也灵活得多。面对外国学生，讲清楚汉语主谓句的这些特点也很有必要。

6.1.1 为什么汉语主谓句有动词性主谓句、形容词性主谓句和名词性主谓句之分？

对主语的陈述大致有三个方面的内容：说明主语所指事物的行为；说明主语所指事物的性状；说明主语所指事物的特征。动词用来说明行为，形容词用来说明性状，名词则用来说明特征，因此汉语主谓句的谓语便可以分别以动词、形容词或名词为核心而构建，相应的主谓句便称为动词性主谓句、形容词性主谓句和名词性主谓句。

动词性主谓句的基本构架是“主语＋动词”，根据实际需要也可以在动词之前设置状语，在主语或宾语之前设置定语，在动词之后设置补语。如“她来了”和“我们走吧”是“主语＋动词”；“他跑得快”和“他办事认真”是“主语＋动词＋补语”；“你吃了饭吗”和“昨天下了雨”是“主语＋动词＋宾语”；“我做完了家庭作业”和“他登上了领奖台”是“主语＋动词＋补语＋宾语”；“我最近又读了一遍《红楼梦》”是“主语＋状语＋动词＋宾语”；“昏暗的东方渐渐地吐出了金黄色的光芒”是“定语＋主语＋状语＋动词＋补语＋定语＋宾语”。

形容词性主谓句的基本构架是“主语＋形容词”，根据实际需要也可以在形容词之前设置状语，在形容词之后设置补语。如“今天晴朗”和“这个女孩子漂亮”是“主语＋形容词”；“这个女孩子非常地漂亮”和“这个小伙子惊人地老实”是“主语＋状语＋形容词”；“这个女孩子漂亮得很”和“这个小伙子老实得一句话也说不出来”是“主语＋形容词＋补语”。

名词性主谓句的基本构架是“主语＋名词”，根据实际需要也可以在名词之前设置定语，如“今日中秋节”和“一斤肉10块钱”是“主语＋名词”，“他一米九的个子”和“这个姑娘大眼睛”是“主语＋定语＋名词”。

6.1.2 为什么有的谓语本身也是主谓结构？

主语所指事物的性状和特征往往表现在与其有关的某个方面或某个部分，因此，为了指出性状或特征所表现的具体方面或部分，又可以将这些方面或部分视为被陈述的对象而表示为主语，这样一来，谓语本身又成了主谓结构，为了有所区别，谓语中的主语便称为小主语，全句的主语则称为大主语。比如，“他身材高大”这一句，“他”是全句的主语，“身材高大”是陈述“他”的谓语，但“身材高大”又可以看作是以“身材”为主语，以“高大”为谓语的主谓结构，于是便把“身材”称为小主语，而“他”则称为大主语。显然，“身材”是“他”的体貌，和“他”有领属关系，语法界把这种句式称为主谓谓语句，“这个姑娘长相很美”、“他能力很强”、“他身高一米七”、“他肚子痛”和“她满脸通红”都是主谓谓语句。主谓谓语句很有自己的特色，常用于口语中。

6.2 存在句

顾名思义，存在句是描述存在的句子。其实在以上各节已论及存在的表述，本节不过是将其系统化一下而已。

一般认为“着”、“在”、“了”以及“是”和“有”都可以表示存在，但表示的机理却不一样，也就是形象意义上有差别，揭示这些差别也正是本节所要讨论的重点。

根据词典的解释，存在就是事物持续地占据时间和空间，因此，描述存在的句子就必须指出空间和时间，以及存在着的事物。空间可以具体化为一个处所，时间也可以具体化为一个特定的时间段，由于时空有统一性，所以二者只要指出其一就行了。

6.2.1 为什么“着”字存在句中总是用处所词充当主语，宾语总是代表存在者？

事物的存在总是要通过一定的状态来表现，也就是说，事物只有被状态依附才能表现其存在，而依附是用“着”表示，于是在表述时就将“着”介于表示状态的动词和表示占据者的名词之间。根据以上所说，“着”能表示前后二者的统一，但状态和事物的统一只有在一定的空间里才能实现，而且空间必须首先确定。这是因为空间是存在的基础，基础必须构建在先，所以“着”字存在句的结构式便是“处所词＋动词＋着＋名词”，其中的动词应当是如“停”、“站”、“坐”、“睡”、“挂”一类表示存在的动词，于是便可以写出下面的存在句：

(1)路旁停着一辆汽车。

(2)门口站着一个小孩。

(3)树下坐着几个老人。

(4)床上躺着一个病人。

(5)墙上挂着一幅地图。

6.2.2 为什么“在”字存在句中，处所词只能成为宾语？

“在”直接表示事物对时空的占据，作为占据者的事物自然应置于“在”之前，作为被占据者的空间处所自然应置于“在”之后，处所词只能成为宾语就是这个道理。至于动词则表示为占据的方式而置于“在”的前面，例如：

(6)一辆汽车停在路旁。

(7)一个小孩站在门口。

(8)几个老人坐在树下。

(9)一个病人躺在床上。

(10)一幅地图挂在墙上。

6.2.3　用"着"表示存在和用"在"表示存在有何区别?

从以上论述可以看出,"着"并不直接表示事物对时空的占据,而是表示状态和事物的统一,由此可见,存在也可以定义为状态和事物的统一。这样看来,事物对时空的占据,以及状态和事物的统一就成为了表现存在的两种方式,它们也就因此而成为了人们观察存在的两种视角,从而由此产生了汉语描述存在的两种方法。

6.2.4　为什么以处所词或空间词为主语的"有"字句和"是"字句也可以表示存在?

如上所述,"有"是表示说话人对事物存在的确认,而不是直接表示事物的存在。比如,"我家门口有一棵大樟树"就是说话人用"有"表示对大樟树存在于我家门口的确认。"今天可能有雨"也是说话人用"有"表示对雨可能存在于今天的确认。

如上所述,"是"可以表示主体事物和其特点的统一性,对于处所和空间来说,它们的特点往往表现为所包含的事物,可见"是"也并不直接表示存在,比如"满天都是乌云",此句表示"乌云"的存在是"满天"的特点,这样看来,"有"和"是"的存在之意都是对存在的间接表示。

6.3　连动句

连动句就是用一个句子表述多个发自同一主体事物的动作,这些动作可以是同时发生的动作,也可以是不同时发生的动作。同时发生的多个动作自然可以集中地表述于一个句子,不同时发生的多个动作之间如果有内在联系,也可以集中地表述于一个句子。所谓内在联系,其实就是统一性。把统一性充分表达出来,句子才能给人以完整的概念,由此可见,连动句的产生完全归因于统一论的语言观。于是便可以认为,对于不同时发生的多个动作,主体事物的同一性只是构成连动句的必要条件,动作之间有统一性才是构成连动句的充分条件。

6.3.1 同时动作的连动句是如何构建的？

同时发生的动作可以认为是互相粘连的动作。语言表述时是将它们分开而用“着”表示相互间的粘连，因而同时动作的连动句也可以称为“着”字连动句，例如：

(11)她微笑着点了一下头。

(12)他们唱着歌走向会场。

(13)一群人围着商店门口叫骂。

用“着”粘连的两个动作是独立的，也就是第二个动作不受制于第一个动作，第一个动作即使没有，第二个动作照样发生，比如，句(1)中没有“微笑”的“她点了一下头”也能成句。然而同时发生的两个动作之间有时候也存在着因果关系，具体地说，就是第一个动作会致使第二个动作发生，不过这种因果关系不是必然性的，这就需要用“得”表示因果关系的成立，因此就可以称之为“得”字连动句，例如：

(14)接到入学通知书后，他高兴得跳起来。

(15)突加的任务把我忙得团团转。

由于“高兴”而导致“跳起来”，由于“忙”而导致“团团转”。

“一……就……”可以用来表示同始点的两个时空过程的并接。时空过程的并接实际上就是两个过程在时间上重合，重合就意味着动作同时发生，例如：

(16)你一看就明白。

(17)他一看电视就打瞌睡。

(18)他一睡觉就打鼾。

6.3.2 不同时动作的连动句是如何构建的？

如上所说，不同时发生的多个动作之间有统一性才是构成连动句的充分条件。统一性体现于各动词之间的内在联系，这些联系或表现为原因和结果，或表现为手段和目的，或表现为动作和动因，或表现为动作和目的。从哲学意义上说，几个不同时发生的动作就是靠这些关系联系着，例如：

(19)他推开门大踏步走进去。

(20)他明天动身去北京请农业专家。

显然，推开门的目的是要走进去，所以句(19)的“推开”和“走进去”表现了手段和目的的关系。同样，“请农业专家”也是“去北京”的目的，“去北京”又是“动身”的目的，可见句(20)表现了双重的手段和目的的关系。其实这也体现了连动句的开放性，只要统一性还存在，句子就可以延续下去，直到统一性终结，比如句(20)就还可以继续延伸为：

(21)他明天动身去北京请农业专家回来传授栽培技术。

6.4　兼语句

在连动句中，原因和结果、手段和目的总是表现于同一个主语，然而现实生活中因果不表现于同一事物的现象比比皆是，比如“我请他吃饭”这一句虽然也表现了手段和目的的关系，但是作为手段的“请”是主语“我”的动作，作为目的的“吃饭”却是宾语“他”的行为。这样看来，“他”似乎又成了“吃”的主语了。“他”既是“请”的宾语，又是“吃”的主语，一身兼二语，于是语言界就把“我请他吃饭”这样的句子称为兼语句。兼语句也是基于动作之间的统一性，可见兼语句和连动句无本质的差别。

6.4.1　哪些动词可以作为兼语句的第一动词？

6.4.1.1　有使令意义的动词

统一性或表现为手段和目的，或表现为原因和结果，或表现为动作和动因。其实这三种关系是相通的，也就是可以互相转化，比如说，目的就可以看作是手段所致使的结果，因此，表现为手段的第一个动词就必须有致使义。使令义动词（如“叫”、“派”、“请”、“让”、“劝”、“要”、“求”、“希望”、“命令”、“动员”、“禁止”等）都有必然性的致使义。必然性的致使不需用“得”表示，而可以直接用词序表示。目的既可以用动词表示，也可以用形容词或小句表示，例如：

(22)老师叫大家安静。

(23)父母都希望孩子努力学习。

(24)命令双方立即停止争吵。

6.4.1.2 表示赞许和责怪的动词

表现动作和动因关系的兼语句也广为使用。表示赞许和责怪的动词都可以作为此类兼语句的第一动词，动因既可以用动词表示，也可以用形容词或小句表示，例如：

(25)老师表扬他学习认真。

(26)我喜欢这孩子说话诚实。

(27)我讨厌这孩子说谎。

(28)人们都责怪他没有责任心。

正因为后面表示了动因，所以就可以用“因为”来提示所表示的动因，如下面所示：

(29)老师表扬他是因为他学习认真。

(30)我喜欢这孩子是因为这孩子说话诚实。

(31)我讨厌这孩子是因为这孩子说谎。

(32)人们都责怪他是因为他没有责任心。

6.4.2 为什么“有”也可以进入兼语句？

如果兼语和主语二者所指事物之间有依存关系，则第一动词可用“有”代替，例如：

(33)我有一个儿子在外国留学。

(34)河里有几条鱼游来游去。

6.5 双宾句

宾语表示主语所指事物的动作对象，如果动作对象只有一个，则语言的表述中只有一个宾语；如果一个动作涉及两个对象，语言的表述中就会出现两个宾语,一个是直接宾语,另一个是间接宾语,双宾句便由此而得名。语言界把直接宾语所表示的事物称为受事,把间接宾语所表示的事物称为与事,于是,直接宾语也就称为受事宾语,间接宾语也就称为与事宾语。因此,双宾句的结构式便是"主语+动词+与事宾语+受事宾语"。

6.5.1　为什么有些动作会涉及两个对象？涉及两个对象的情况有哪些？

受事是被施事支配的事物,在施事的支配下,如果受事只表现自身的消失与出现,自然不会牵涉到另外的事物,因而所表述的句子中只有一个宾语。然而下面的四种情况却会在涉及受事的同时,也涉及另外的与事。

6.5.1.1　受事离开施事,和与事结合

这种情况表现为受事的正向传递,传递之前的受事为施事所有,传递之后则归附了与事。给予就是这样的情况,例如"奶奶给了我一个大煎饼",给之前,大煎饼为奶奶所有,给之后大煎饼便归附了我。"大煎饼"是受事宾语,"我"是与事宾语。受事能够传递是由于奶奶的作用,因此该句就可以转换为"把"字句"奶奶把一个大煎饼给了我"。

如果要表示"给"的方式和性质,就可以在"给"的前面接一个动词,例如:

(35)我送/借/付/还给了他一万元钱。

显然,"送给"、"借给"、"付给"和"还给"四者的性质不同,可见"给"前的动词是为"给"定性。"送"、"借"、"付"和"还"也有方向意义,去掉"给"之后,四者便突显出自身的方向意义,因为"送"、"付"、"还"都和"给"的方向相同,所以去掉"给"之后的"我送了他一万元钱"、"我付了他一万元钱"以及"我还了他一万元钱"的意思和原来一样。然而"借"单用时是表示索取,和"给"的方向相反,以至于去掉"给"之后的"我借了他一万元钱"的意思和原来不一样。正是由于"送"、"付"、"还"都和"给"的方向相同,所以语言界也把它们算作给予类动词。

因为给予都是由于施事的作用才得以实现,所以给予类双宾句都能转化为"把"字句。

(36)我把一万元钱送/借/付/还给了他。

消息也可以成为给予的内容,消息的给予就是使人知道,这种意思用"告诉"

表示，因而“告诉”也可以构建双宾句，而且还可以转化为“把”字句。

(37)我告诉你一个好消息。

(38)我把一个好消息告诉你。

6.5.1.2 受事和与事分离

受事和与事分离的情况有两种：①分离之后的受事归附了施事，因而体现了受事的逆向传递；②分离之后的受事没有归附于施事，但是也不追究其去向。索取类动词如“借”、“拿”、“要”就被用于第一种情况，因为索取就是将受事离开与事而归附于作为索取者的施事。

(39)我借/拿/要了他一万元钱。

“偷”和“抢”也是索取类动词，因而也适用于第一种情况而用双宾句表示：

(40)小偷偷了他一万元钱。

(41)歹徒抢了他一万元钱。

“吃”虽然不属于索取类动词，但是依然会引起受事和与事分离，而且分离之后的受事被施事吞没，因此也适于第一种情况而用双宾句表述，如：

(42)我吃了他三个苹果。

受事脱离与事后不归附于施事的情况如下面二句所述：

(43)医生切去了他一条腿。

(44)狂风吹掉了大楼一个角。

句(43)表示“一条腿”和“他”分离，分离后的“一条腿”当然不会归附于医生。句(44)也只表示“一个角”和“大楼”分离，分离后的“一个角”也不知去向。

6.5.1.3 使与事受损或受益

假设施事为“歹徒”，与事为“他”，受事为“一条腿”，若用“打伤”来表述使受事受损，则可以写出下面的双宾句：

(45)歹徒打伤了他一条腿。

假设施事为“医生”，与事为“他”，受事仍为“一条腿”，若用“治好”表示使受事获益，也可以写出下面的双宾句：

(46)医生治好了他一条腿。

下面的双宾句也表示使与事受损：

(47)我打碎了他四个杯子。

6.5.1.4 表示信用关系

信用关系往往体现于动词，比如，"欠"、"租"、"承包"就是体现信用关系的动词。

(48)张三欠了信用社一万元钱。

(49)李四租了张三两头水牛。

(50)张三承包了乡政府十亩林地。

6.5.2 双宾句怎样判断？

从以上各例可以看出，施事将受事给予与事就是使受事归附与事，索取则是使受事脱离与事，这样看来，与事和受事之间或者事后，或者事前有领属关系就成为了给予类和索取类双宾句的一大特点。其实，使与事受损或受益的双宾句，以及表示信用关系的双宾句也都体现了与事对受事的领有，因此，就可以把与事和受事之间是否存在领属关系作为判断双宾句的一个重要依据。此外要明确的是，受事的传递只是一种隐含，不是用动词表示的移动。用表示移动的动词反而不能构成双宾句，例如：

(51)他去了河北一个城市。

从结构的形式看，上面这一句似乎也像双宾句，其实不是，"去"是作为主语的"他"本身的移动，与传递中受事的转移不是一回事。

6.5.3 为什么双宾句中的受事必须有具体的量？

不管是哪一种双宾句，都表现了受事的客观存在，客观存在的受事必须是现实中的具体事物。具体事物当然是有量的，就因为这个道理，受事无一例外地都应该有具体的量。

6.5.4 为什么与事宾语在受事宾语的前面？

汉语在描述有向行为时，总是先指示行为的目标对象，然后才表述行为的内容，用介词指示对象时便是如此，比如“向亲戚送礼”、“向图书馆借书”，其中的“送礼”和“借书”就是有向行为，亲戚是送礼的对象，图书馆是借书的对象。如果将有向行为具体化，就可以将这两句表述为具体事物的转移，比如：“向亲戚送一件礼物”、“向图书馆借一本书”。在这种情况下，也可以不用介词指示对象，而是靠紧接动词之后的词序来表示对象，因为有向行为中的动作本身就有指向意义，于是动词便前移而占据了介词的位置，比如：“送亲戚一件礼物”、“借图书馆一本书”。显然，在前一句中，作为与事的“亲戚”很自然地占据在“一件礼物”的前面；在后一句中，作为与事的“图书馆”也很自然地占据在“一本书”的前面。词序的这种安排也符合了行为的目标对象先于行为内容的逻辑顺序。

6.6 动补句

动补句的特点就是动词后面出现补语。动词后面的补语：①表示动作效果；②界定动作的时量和动量。因此，补语应该分为效果补语和计量补语两种。动作和效果实际上体现着因果关系，所以出现效果补语的动补句应该称为因果句，不过动补句叫惯了，虽然叫因果句更切合实际，但也只好沿袭传统。至于时量和动量，因为和动作无内在联系，所以出现计量补语的句子就不称为动补句。

6.6.1 为什么汉语会产生动补句？

就因果的时间性来说，有差时因果和同时因果之分。差时因果表现为原因和结果不同时发生，同时因果则表现为动因的作用和结果的产生在时间上重合。比如说，由于喝酒而导致车祸，这种因果就是差时因果，因为作为“因”的喝酒行为和作为“果”的车祸往往不会同时发生，通常总是喝酒在先，车祸在后。正因为如此，所以差时因果就不一定有必然性，比如说，喝酒和车祸之间就不一定有必然的因果关系。无必然性的因果自然就会有隐蔽性，因而表述“果”已产生的差时因果时就将因和果分别表述成两个小句，然后用“因为……所以”来提示，比如，“因为司机喝了酒，所以才出了车祸”就是这种差时因果的写照。同时因果往往由于动因的作用过程和结果的产生过程在时间上重合而变得显然，比如摔花瓶，花瓶一定会碎；人吃饭，肚子一定会饱；酒喝多了，一定会醉；书看久了，眼睛就会花；孩子啼哭，会吵醒熟睡中的妈妈。正是由于因和果显然而又同时，所以同时因果就表现了内在的必然性，以至于在进行语言表述时就可以不用“因为……所以……”来提示，而是直接在句子中用紧挨着的词序表示。下面5个句子便是以“摔碎”、“吃饱”、“喝醉”、“看花”和“哭醒”为核心而构建的动补句：

(52)他摔碎了花瓶。

(53)他吃饱了饭。

(54)爸爸喝醉了酒。

(55)我看花了眼睛。

(56)孩子哭醒了妈妈。

6.6.2　为什么动补句都可以变为“把”字句？

的确，上面的五个动补句都可以变为“把”字句：

(57)他把花瓶摔碎了。

(58)他把饭吃饱了。

(59)爸爸把酒喝醉了。

(60)我把眼睛看花了。

(61)孩子把妈妈哭醒了。

动补句表示动作的效果已经出现，“把”字句也表示动作的效果已经出现，因此二者可以相互转换，而且补语相同。

6.6.3　“胜”和“败”互为反义，然而“黄龙队战胜了白虎队”和“黄龙队战败了白虎队”却有着同样的意思，为什么？

根据词典的解释，“胜”表示打败对方，因此，“黄龙队胜了白虎队”便表示黄龙队打败了白虎队，黄龙队自然就是胜者了。“败”是被胜方致使的一种状态，如果黄龙队是胜者，不言而喻，黄龙队就是“败”的致使者了，于是语言的表述就应该是“黄龙队败了白虎队”。这样看来，“黄龙队胜了白虎队”和“黄龙队败了白虎队”都说明黄龙队是胜者，白虎队是败者。“战胜”表示用“战”的手段打败对方，“战败”表示通过“战”而使对方进入“败”的状态，由此可见，“战胜”体现了手段和目的的统一，“战败”体现了原因和结果的统一，于是便可用“战胜”和“战败”构建两个动补句“黄龙队战胜了白虎队”和“黄龙队战败了白虎队”。前一句表示黄龙队用“战”的手段打败了白虎队,后一句表示黄龙队通过“战”而使白虎队进入了“败”的状态。总之,这两句都表示黄龙队是胜者,白虎队是败者。

6.6.4 为什么动补句可以用合成的方法求得?

动补句反映了并行的两个过程,即动因的作用过程和结果的产生过程。两个过程虽然并行,但不一定同始点,也不一定同终点,不过,结果的产生却不能滞后于动因的作用终点,也就是说,结果的产生过程必须包含在动因的作用过程之内。正因为动因的作用和结果的产生在同一个时间过程内完成,所以就可以将其合成而用一个句子来描述。

就以摔花瓶来说,“摔了花瓶”和“碎了花瓶”是两个过程的终点表述,如果用逻辑运算来表示,则下面的逻辑加法成立:

摔了花瓶+碎了花瓶=摔碎了花瓶

“摔碎了花瓶”便是合成句。如果两个过程的终点分别用“花瓶摔了”和“花瓶碎了”表述,则可将这两种表述相加:

花瓶摔了+花瓶碎了=花瓶摔碎了

“花瓶摔碎了”便是合成句的另一种形式。

合成的原则是相同二字只取其一,不同的字或保留,或将其合并,“摔碎”便是根据因果统一法则合并的因果词。

6.6.5 为什么“张三追累了李四”有歧义?

张三不一定追上了李四,但二人中总有一个人累了,可能是张三累了而李四没有累,也可能是李四累了而张三没有累。

由于“追”和“累”有直接的因果关系,因此便可以写出两种情况的合成式。

第一种情况,张三累了:

张三追了李四+张三累了=张三追累了李四

第二种情况,李四累了,也因为“追”和“累”有因果关系,所以就将“累了”提到“李四”的前面而和“追”相加:

张三追了李四+李四累了=张三追了李四+累了李四=张三追累了李四

两个等式都得出了同样的合成句，这说明“张三追累了李四”有两种意义，以往不少学者凭着语感也发觉了此句有歧义，现在则用分析的方法证实了这一点。

6.6.6　如何验证动补句的合格性？

凭语感造出的动补句并不一定都真正合格，一些似是而非的动补句可以作理性的验证。验证仍然是依靠逻辑加法，但必须选对运算单元，而且要有两次以上的运算对比。也就是说，仅凭一次运算不足以证明合成句的正确，比如：

妈妈坐了车＋妈妈累了＝妈妈坐累了车

为了校验以上合成句是否正确，又将其分解：

妈妈坐累了车＝妈妈坐了车＋累了车

显然，“累了车”不能成立，因为车是不会累的，可见“妈妈坐累了车”是不合格的合成句。再来看“爸爸喝醉了酒”：

爸爸喝醉了酒＝爸爸喝了酒＋醉了酒

爸爸喝醉了酒＝爸爸喝了酒＋爸爸醉了

根据语言事实，“醉了酒”是能够成立的，“爸爸醉了”也是成立的，可见“爸爸喝醉了酒”是合格的动补句。然而网上有人问，有的人喝了酒就会吐，为什么“他喝吐了酒”不能成立呢？现在就来校验一下，此句为何不能成立。为此，将“他喝吐了酒”进行分解：

他喝吐了酒＝他喝了酒＋他吐了酒

“他吐了酒”是酒后发生的事情，也就是在时间上不和喝酒过程重合，这不符合逻辑合成的原则，因此“他喝吐了酒”不能成为合成句。其实“他喝了酒”和“他吐了酒”是两种矛盾的情状，前者为他和酒的结合，后者为他和酒的分离，因此不可能发生于同一个过程，自然就不能用动补句来表述了。

6.7　被字句

一般来说，“被”字句都表示被动，但汉语的被动句不一定都用“被”字表示，就好像主动句不一定都用“把”字表示一样。被动句都是把受事作为主语，因此被动句又可称为受事主语句。比如，"菜炒好了"、"课上完了"、"饭吃饱了"、"桥建成了"、"车修好了"都是把受事作为主语的句子。正因为这类句子都有被动意义，所以都可以插入"被"字，比如，"菜炒好了"就可以说成"菜被炒好了"，不过这样的表述尽管符合语言逻辑，但不符合汉语的习惯，因为汉语中的"被"字句不单是表示被动，而是另有其特殊的意义，所以"被"字句不能完全看作是受事主语句加"被"字。不过可以这样认为，受事主语句是没有"被"字的被动句；"被"字句则是有"被"字的受事主语句。

6.7.1 "被"字句的语用特点是什么？

"被"的本义之一是表示遭遇，"主语＋被＋宾语"就表示主方遭遇宾方，如果用动词来说明遭遇了什么，用补语来说明遭遇后所产生的结果，那么，"被"字句的一般构式就为"主语＋被＋宾语＋动词＋补语"。遭遇就意味着要受制于所遭遇的对象而成为被动者，而遭遇的对象却成了主动者，于是，虚化之后的"被"置于主语和宾语之间就能表示被动和主动的关系。

"被"字虽已虚化，但仍有遭遇之意，主语自然就是被遭遇者了，于是"被"字句就能表现主语所指之人或事物的不乐意、不愿意，或不应该的情状。受损害和被强制就是最大的不乐意，"被"字句之所以适于表述主方受损害和被强制的情状就是这个缘故。例如：

(62)他被学校开除了。

(63)a.*她被学校表扬了。　　b.她受到了学校的表扬。

(64)a.*她被奶奶给了50元钱。　　b.奶奶给了她50元钱。

开除是一种严厉的惩罚，面对这种惩罚，他当然无可奈何，只得顺从，因而用"被"字句(62)表述这种惩罚非常合适。面对学校的表扬，她会高兴地欣然接受，因此用"被"字句(63)a表述这种令她高兴的喜事就不合适。为了表示她对表扬的主动接受，就将(63)中的a句变成b句。奶奶给钱当然乐于接受，因而用被动句(64)a表述也不恰当，用主动句(64)b表述更为合理。

6.7.2 受事主语句和"被"字句有何异同？

如上所述，受事主语句和"被"字句同属被动句，但"被"字句的主语所表示的事物因为是遭遇者而往往受到人们的同情，因此，人们就用“被”字句来表示对主语所指之人或事物的同情，无“被”字的受事主语句却没有这种寓意。如上所述，受事主语句实际上就是无“被”字的被动句，之所以不要“被”是因为不需要对主语所指的受事表示同情，比如，“饭吃完了”便是如此。照说，完整的表述应当是“饭被吃完了”，然而在汉语使用者看来，饭就是供人吃的，因而“吃”对于饭来说不是被动受损，而应该是主动接受。为了暗示受事的主动性就取消“被”字，结果是，饭由被动消灭变为主动消失，“吃”便成了消失的手段。当然“饭被吃完了”也是可以说的，但意义却出现了异化，也就是说，有了“被”字之后，就表示“饭”是不应该吃完的，于是便有责怪吃饭者的意思。

6.7.3 什么情况下的被动句一定要用“被”字表示？

“衣服洗了”、“菜炒好了”、“课上完了”、“饭吃饱了”、“桥建成了”、“车修好了”都是把受事作为主语的句子，都可以插入“被”，于是就可以把这些句子称为真正的受事主语句。可以看出，真正的受事主语句有没有“被”都一样。所谓真正的受事主语句就是主语所表示的事物只可能为受事，自然就不一定要用“被”来确认，然而有些句子的主语属性却要用“被”来确认，比如，“他杀了儿子”和“他被杀了儿子”两句的意思就大不一样，意思大不一样就说明“被”在非真正的受事主语句中是少不得的。

6.7.4 为什么“被”后的施事宾语可要可不要，而动词却一定要？

的确，“被”后的施事不一定要出现，但动词却不能不出现，其原因可以这样来理解：因为“被”表示遭遇，事后说明遭遇的内容是最重要的，遭遇的内容则是由动词来说明，就因为这个道理，所以动词非要不可。如果不问施动者是什么，自然就可以省去“被”后的施事，于是“张三被小偷偷了”就可以省去“小偷”而说成“张三被偷了”。

6.7.5 “被”字句补语的句法意义是什么？

补语是用来表示遭遇后的损害，但损害也有直接和间接之分，直接损害就是加于受事本身的损害；间接损害就是加于和受事有关联的人和事物的损害。例如："李四被歹徒砍了一刀"中的"一刀"便是李四受到的直接损害。由于贪污受贿而坐牢也可以表述为"被"字句"他被判入狱"，"入狱"也是加于"他"的直接损害。"张三被小偷偷了100元钱"中的"100元钱"则是张三的经济损失；"张三被人贩子拐走了儿子"中的"儿子"则是张三的亲属成员的失去，经济损失和亲属成员的失去对于受事来说都是间接损害。因为损害既成事实，所以补语实际上是表示结果。然而结果总是出现于动作完成之后，因此，动词后面或者加"了"表示完成，或者另加表示成为结果的词，如"为"、"成"、"得"、"入"之类。

6.7.6 褒义"被"字句是如何发展起来的？

封建社会里，赐赏者总是皇帝，因而被赐者的受事属性在语言的表述中可以不用"被"字指示，如"将军本人赐玉袍一件，妻张氏封为贤德夫人"。这种被动句其实就是受事主语句，受封赐当然是可喜的事情，可见被动句本来就无贬义和褒义之分。现在当然不讲封赐了，但奖赏和赐予之类的词还是常用，为了突显接受者，就将其摆在主语的位置，但其作为主语的受事属性却需要用"被"来指示，否则，意思就不会清晰。比如"他授予先进工作者的称号"就有模糊性，模糊性就是来自"他"作为主语的属性不明确，只有在"他"的后面接"被"，其受事的属性才能确定，于是"他被授予先进工作者的称号"也就能够成为清晰的表述。当然，受西方影响的成分还是有的，比如"她的名字被列入《世界妇女名人录》"这一句，不要"被"也是可以的，但有了"被"之后就更能突显"她"的被动地位，从而说明列入《世界妇女名人录》是由于上级有关部门的重视和推荐而非本人的申请。

6.8 "是"字句

"是"字句最主要的语用目的是要对主语进行说明，办法是将说明的内容表述成宾语，然后通过"是"而与主语联系。所谓联系其实就是将二者统一，可见"是"的深层意义就是将主语和宾语统一起来，而主语和宾语分别代表着统一的双方。"是"字句的词序安排告诉我们，"是"字句表示主语总是主动地寻求和宾语统一，通过这种统一，就使听者用宾语去印证、对比和量度主语，从而达到说明主语的目的。

6.8.1 “是”是动词吗？

“是”一直被认为相当于英语的“be”，诚然，“be”在英语里算作动词，有形态变化，于是中国的语言学界也把“是”看作是动词，然而这样的照搬却等于给汉语套上了一个怪圈，使“是”无法摆脱语义上的矛盾，因为“是”不能像动词一样加“了$_1$”和“过”。语言事实表明，虽然可以说“他是班长”，但不能说“他是了班长”；“他是过班长”，只能说“他当了班长”、“他当过班长”。“是”既不能加“了$_1$”，又不能加“过”，这还是动词吗？当然不是！正因为“是”不是动词，所以“是”字句的过去时只能用词汇表示，比如：

(65)他以前是我们的班长。

(66)过去山坡上全是栗子树。

(67)我小时候是住这间房子。

从以上所述来看，“是”是一个表示统一性的联系词。这样看来，“是”只有功能，没有词义。也正因为“是”不是动词，所以就表现不出对事物的依附性，也就因此而不能够加“着”。没有词义，又没有动词的特征，这样的词当然不能算动词。它的句法功能就是向主语介绍统一对象，因此也应该算作介词。

6.8.2 为什么“是”和“了$_2$”能够同现？

只能用词汇表示过去，而不能用“了$_1$”表示过去的事实有力地说明：汉语是用词汇说明统一性在过去的实现，而不是加“了$_1$”表示“是”的完成。也就是说，“是”的主宾双方在过去是一个统一的现实结构，现在不是了。

正是因为“是”字句能够表示现实的统一，所以“是”字句就能够接“了$_2$”表示统一关系的形成，意思就是统一的现实结构形成了，例如：

(68)我是大学生了。

因为“大学生”是“我”的永恒属性，所以句尾“了”只表示一下开始，以后就可以省去，只说“我是大学生”。

由内在联系所表现出来的统一性并不都会过去，比如“鲁迅是《阿Q正传》

的作者”就表现了“鲁迅”和“《阿Q正传》”的永恒统一。

6.8.3 “是”字句的语用意义是什么？

能成为“是”字句的主宾双方必须有着内在的联系，有内在联系的统一性表现在更深一个层次。深层次的统一性其实就是同一性。主宾语所体现的则是表层的差异，于是就可以认为宾语对主语的说明也是表层的说明，“是”字句的语用意义也正是在于使人们通过表层的差异而认识到深层的同一性。比如，从表层看，“他”和“班长”不是同一个人，但是通过用“是”将二者联系起来的表述“他是班长”就会使人们认识到“他”和“班长”原来是一个人。由此看来，“是”字句成立的条件就是主语所指和宾语所指必须在深层有同一性。

6.8.4 表示同一性的主宾语在意义上应该如何搭配？

一般来说，“是”字句的主宾语有下面几种搭配的样式。

6.8.4.1 主宾语分别表示同一个人的两种名称

(69)《阿Q正传》的作者是鲁迅。

6.8.4.2 宾语将作为主语的代词具体化

(70)他是张三。

(71)这是给你准备的卧室。

(72)谁是你们的班长？

6.8.4.3 主语表示特指的事物，宾语表示该事物的属性

(73)我的儿子是北京大学的学生。

(74)我是中国人。

(75)她是美丽的女孩。

6.8.4.4 主语表示特定时间，宾语表示该时间的特征

(76)现在的时间是12点30分。

(77)八月一日是建军节。

6.8.4.5　主语暗示时间，宾语表示对该时间的空间占据

由于时空有统一性，所以就可以用空间占据来说明主语所暗示的时间，如：

(78)我第一次认识他是在一个座谈会上。

6.8.4.6　主语表示处所的名称，宾语表示处所的特征

(79)山坡上全是栗子树。

(80)满地都是水。

(81)屋内屋外全是人。

6.8.4.7　宾语对主语进行量度

(82)这棵古树的高度是15米。

(83)现在的温度是30℃。

6.8.4.8　主语表示行为动作，宾语表示行为动作的原因或效果

(84)读书是为了求知识。

(85)他晚上打工是想挣学费。

(86)a.他这样做是偏听偏信。　　b.他这样做是出于偏听偏信。

6.8.4.9　主语表示定指，宾语表示外延被限制的泛指

(87)这本书是新出版的。

(88)我儿子是去年出生的。

总而言之，"是"的深层意义就是表示主语和宾语的统一，由于这种统一便产生了比拟和对照的效用，从而在语义上达到宾语能够说明主语的目的。

6.9　"把"字句

现代汉语中"把"的动词意义比较单纯，单独使用亦不多，然而却作为介词而构建着有独特意义的"把"字句，可见"把"是一个虚化得最为彻底的汉字。

“把”字句在汉语中不但使用很普遍，而且使用频率也非常高。也许是因为印欧语中没有类似的句型，所以外国学生学汉语的“把”字句倍感困难，即使学会了“把”字句也不敢大胆使用，因此，“把”字句就成为了对外教学中的难点。

说“把”字句最具汉语特色是因为“把”字句最集中地反映了中国人的思维方式，因此，若不从思维方式的角度去讲解“把”字句，就很难讲清楚其中的道理。道理不清，学起来当然就困难了，因为汉语是理据性的语言，本节的解答也力求突出其中的道理。

6.9.1 如何理解“把”的指示意义和动词意义？

“把椅子拆了”可以说，“把椅子坐了”就不能说，然而“把椅子坐垮了”却又能够说，之所以如此，就是因为“拆”是作用动词，“坐”不是作用动词。

如上所述，作用动词表示有作用意义的动作。所谓有作用意义的动作就是能支配事物的动作，被支配的事物就是作用对象。“拆”能把椅子消失，“拆了”就表示“拆”的动作已经实现，自然就意味着椅子不存在了，可见“椅子”就是“拆”的作用对象。“坐”不会使椅子产生任何变化，但如果坐者的体重超过了椅子的承受力，椅子就会垮，垮了之后椅子也就不存在了。椅子垮了就说明椅子受到了坐者的体重作用而成为了作用对象，因此，将“垮了”接于“坐”后就能使“把”字句成立。由此可见，“把”的宾语必须由作用对象充任，也可以说，“把”的宾语就是代表作用对象。对作用动词而言，作用对象也就是受事，因此作用动词不要补语的协助而能够进入“把”字句。非作用动词只有在补语的协助下才能进入“把”字句，这是因为表示变化的补语能说明“把”的宾语所指事物受到了作用而成为了作用对象的缘故。这样看来，“把”就有指示作用对象的功能。

“把”也有单独成句的功能，如“你把我怎么样？”就可以说。如果将该句和“你要我怎么样？”对照一下就可以看出，“把”也有着和“要”一样的动词意义。表示否定的词总是放在“把”之前，而不能放在宾语后面的动词之前，比如：

(1)a.他不/没有把戏看完就走了。　　b.*他把戏不/没有看完就走了。

综合以上所述，就可以得到这样的认识，即“把”是表示作用的抽象动词，之所以称为抽象动词是因为作用不是具体的动作。

语言学所指称的作用是广义的，具体地说，“把”所表示的作用也应当包括精神力的作用。精神力的作用实际上就是影响，比如，“他把你变坏了”就表明是受了他的影响才导致你变坏的。“把”表示作用的观点尤其能够解释受事为主语的“把”字句，比如，“一桶水把两个人抬累了”，作为施事的“两个人”显然是受了“一桶水”的作用而累的，“一桶水”当然是“抬”的受事，然而却成了使施事受累的作用者。这种以受事为主语的“把”字句被认为是“把”字句的新发展，其实从物理学的角度来看，由于施事（两个人）对受事（一桶水）施加了作用，受事也必然会对施事产生反作用。由此可见，“把”字句的描述是符合物理学原理的，之所以能够如此，也是由于物理学对汉语的渗透，这样看来，汉语的演化也在受着自然科学的影响。

6.9.2 为什么外国学生不会造“把”字句？

虽然教了“把”字句，但外国学生不会用，而且也不敢用。一个很具体的例子是，外国学生不说“把书放在桌子上”，而说“放书在桌子上”。

外国学生之所以不会造“把”字句可能涉及一个对动词的看法问题，另外就是不了解“把”的意义是表示作用。就拿上面所举的例子来说，按形式语法，“放”被认为是及物动词，“书”肯定是“放”的受事，受事一定要做宾语，宾语肯定是接在及物动词的后面，或者用被动句来表示受事的主语地位，于是，按形式语法的造句必然是“放书在桌子上”，或者是“书被放在桌子上”，而不是用受事“书”作主语的“书放在桌子上”。

按照汉语的逻辑，“书在桌子上”表示“书”对“桌子上”的占据，如果把“放”作为占据的动因，那么“放”就应当置于“在”之前，按此逻辑，自然就是“书放在桌子上”了，书当然不是自己跑到桌子上去的，而是由于受到了外界作用的缘故，如果这个作用来自于“我”，那么，用“把”表示作用的句子自然就是“我把书放在桌子上”了。其实，作用的意义就体现于“放”，或者说，作用是通过“放”而体现的。从这个例子的分析来看，外国学生之所以不会用“把”字句来表达“书”对“桌子上”的占据，原因就在于不会造“书放在桌子上”这样的句子。然而根本的原因还在于不懂得汉语的动词有作用动词和非作用动词之分，而且作用动词又可以看作是作用的方式或手段，不过这种意义只有引入“把”后才有，因为“把”就是表示作用的。这样看来，用作用动词构建的受事主语句都可以引入“把”而使其变成“把”字句,“放”是作用动词,因而能将“把”引入以上例句中。“吃”也是作用动词,也可以将“把”引入“饭吃了”而使其变成“把饭吃了”。作用动词既然成了方式或手段,自然就没有及物性了,于是也就不要求受事紧随其后了,及物性哪里去了呢?原来是交给了“把”,于是“把”便要求受事紧随其后,这样看来,语法界的“把”字提宾说是有道理的。

下面几个类似的句子也是出自外国学生之手,例如:

(89)他一脚踢球进了球门。

(90)为了救伤员,白求恩大夫输自己的血给了他。

(91)在那里,丈夫叫自己的妻子做家里的。

一看就知道,这些都是英式汉语,中国教师自然是将这些句子都改为“把”字句,至于为什么要用“把”字句表达,中国教师也只是说表示处置时要用“把”字句。以上是该用的“把”字句却没有用,以下是不该用的“把”字句却用上了,例如:

(92)*我把那么重的箱子搬不动。

(93)*我把这些作业一个小时做得完。

(94)*你们把中文书看得懂吗?

对此,中国教师也只是说,不表示处置时不能用“把”字句表达。然而处置和非处置怎么辨别的问题,不但外国学生搞不懂,就是中国学生也不一定搞得清楚,更何况表示处置的情状也不是非用“把”字句不可。

与以上所述类似,也可以首先造出受事主语句“他一脚,球踢进了球门”,“白求恩大夫自己的血输给了他”,然后再引入“把”而使其成为“把”字句“他一脚把球踢进了球门”,“白求恩大夫把自己的血输给了他”。由此看来,“施事+把+受事主语句”就可以作为一种构建“把”字句的方法。有意思的是,“受事+把+施事主语句”也可以成为“把”字句,比如,“一杯酒就把我喝醉了”,“我喝醉了”就是施事主语句,而“一杯酒”则是受事,变成“把”字句后,后面小句中的主语就变成了“把”的宾语。然而值得研究的是,无论是受事主语句还是施事主语句,都能够将句意表达清楚,为什么还要用“把”来使其变为“把”字句呢?可以想见,外国学生也一定会有这样的疑问,其实这个问题上面已经作了初步的回答,那就是为了说明宾语(也就是“把”后小句中的主语)所指事物的变化是由于外界的作用而引起的。这样看来,无主“把”字句就可以认为只表现宾语的被动性了,比如“把孩子病了”就表示孩子的病是受外界作用的结果，这种意思总不能表述为“孩子被病了”吧！如果追究得更具体一些就会说“你怎么把孩子病了”，这就把主语“你”视为致使孩子生病的责任人了。很多学者都认为“把”字句的主语是责任者的形象，为什么会有这样的共识呢？就是因为“把”表示主语施加于宾语的作用，作用的施加者自然就是不良后果的制造者了。

其实“把”字句最典型地表现了中国人的思维方法，那就是：把作用和效果统一起来考虑。西方人只孤立地看效果，不追究产生效果的原因，自然在语言的表述中只会表达作为效果的“在桌子上”和“进了球门”。中国人则认为书之所以会从人的手上移到桌子上，就是因为受了手的作用，球之所以进入球门，就是因为受了脚的作用，于是就用“把”表示作用，“放”和“踢”则成了作用的方式，“在桌上”和“进了球门”便是作用后产生于书和球的效果。把作用和效果统一起来的思维方法可以称为统一论的思维方法，“把”字句便是这种思维方法的体现，西方人没有这种思维方法，自然就不习惯于“把”字句的表述了。由此可见，在汉语的教学中给外国学生讲讲汉语的思维方法是很重要的。

以上是用反推法来说明“把”字句的生成，这样的说明比较直观，而且逻辑性强，因此就可能比较容易地被外国学生接受。

6.9.3　怎样分析“把”字句的语用意义？

“主语＋把＋宾语”可以理解为主体事物（主语所代表的事物）施作用于宾体事物（宾语所代表的事物），作用总是通过动作来实现，宾语后面紧接动词就是这个道理。作用就会产生效果，一般来说，主体事物施作用于宾体事物会产生四点效果：使宾体事物受到支配；使宾体事物产生变化；主体事物从作用中获得；实现了某种行为。使宾体事物受到支配也就是施动，使宾体事物产生变化也就是使动，于是“把”字句就可以分为四类：施动类、使动类、获得类和实现类。

其实有些施动类“把”字句也可以用反推法得到，比如“衣服洗了”这一句，“洗”当然是施加于衣服的动作，但也可以认为洗衣服就是用“洗”的方式作用于衣服，于是就可以用“把”将“衣服”由主语变成宾语而成为“把衣服洗了”，衣服没有发生变化，但产生了由于“洗”的作用而导致的效应，那就是，衣服变干净了，其实这就是处置，由此可见，处置义便是来自施动类“把”字句。因为作用所产生的效应会随着作用方式或作用手段的不同而不同，将表示方式或手段的施动动词接于宾语之后就是这个道理。因为处置也可能导致宾体事物受损，所以施动类"把"字句也可以来自"被"字句的转换，比如"张三被歹徒打了"就可以变为"歹徒把张三打了"。不过，"把"字句表示受损时宾语必须是直接的受损者，比如"张三被土匪杀了父亲"这一句中，张三虽然受损，但不是直接的受损者，张三的父亲才是直接的受损者，就因为这个原因，所以"土匪把张三杀了父亲"不能成立，"土匪把张三的父亲杀了"才能成立。根据这个道理，似乎"土匪把张三砍了一条腿"也不应该成立，其实，一条腿本来和张三就是一个整体，显然张三是直接的受损者，因为他失去了一条腿，所以该"把"字句是应该成立的。当然，"土匪把张三的一条腿砍了"也是成立的，因为一条腿从整体脱离也表示一条腿是直接的受损者。由此可见，"把"字句只能表示直接受损，"被"字句既能表示直接受损，亦能表示间接受损，在教学中使学生明白这一点是很重要的。

"把鞋子破了"和"把孩子病了"都应该属于使动类"把"字句。虽然"破"是鞋子的状态，"病"也是孩子自己萌发的状态，但却都是受外界的作用所致，致使义便是由此而来。致使义总是用补语表达。因为使动类"把"字句主要是要表示效果，而且"把"又表示了作用，所以使动类"把"字句中可以不出现主体动词，但补语不能没有，以上两句就是如此。《红楼梦》中的"偏又把凤丫头病了"，《金瓶梅》中的"妇人听得此言，把脸通红了"两句中也都没有主体动词，然而却能表达出这样的意思，即凤丫头生病和妇人脸红都是受了外界某种作用的缘故。

获得类"把"字句是表示主体事物从作用中获得或受益，当然，表述获得不一定要用"把"字句，但"把"字句却是专表示通过作用而获得，因为施作用就要付出，所以"把"字句所表示的获得实际上是付出的回报。这种回报实际上也是作用的效果，比如"我终于把这篇文章读懂了"，读文章自然要付出精力，"终于"表示多次付出以后才出现，"懂了"便表示从这篇文章里获得了知识，知识的获得便是多次付出精力后的回报。"我终于读懂了这篇文章"自然也表示"我"从这篇文章中获得了知识，但没有知识的获得是多次付出精力的回报这种隐含义，因而就不能表示获得的艰辛。如果将"我看了她一眼"和"我把她看了一眼"对比一下，问题就更加明白，"看了她一眼"也可能是随便看一眼，总之是没有往心里去，"把她看了一眼"就表示有意识地看了她一眼，这种隐含义就来自注意力的作用,作用的结果就对她的外貌产生了深刻的印象。其实,获得可以认为是作用对象进入了作用者的主观世界,因此也体现了宾体事物在作用者眼中的变化。

实现类“把”字句是表示通过作用而实现了某种行为,比如,“我把公园游了一遍”是表示实现了游公园的行为,“弟弟把游戏机玩了一会儿”是表示实现了玩游戏机的行为,“我把这场戏看完了”是表示实现了看戏的行为。当然不用“把”字句也可以表示实现,但“把”字句能表示行为的实现是由于主语付出了力量的结果,因而也就能体现主语的主观能动性。

作用是通过力(物理力和精神力的总称)而实现,所以“主语+把+宾语”也可以理解为主语和宾语之间力的传递。传递力就使主宾双方之间产生了作用和被作用的关系。作用和被作用的关系是事物之间最重要的,也是最常见的关系,“把”字句便是为了描述这种关系而产生的。

6.9.4 “把”字句的合格性如何判断?

动词只说明作用的手段和方式,表示效果的补语则说明作用的存在。致使义“把”字句都有补语,自然可以说明作用的存在,然而处置义“把”字句没有补语,作用的存在是如何来说明的呢?其实作用动词本身就可以说明作用的存在,因为有作用意义的动作就是能支配事物的动作,处置义“把”字句的动词之所以必须是作用动词就是这个缘故,但是作用必须有界,否则效果就不会出现,因为效果总是出现于动作的终止。然而这一切都必须有一个前提条件,那就是施加作用之前,作用对象必须存在,否则,作用的施加不可能进行,因此,受事在作用之前不存在的情况不能用没有补语的“把”字句表述,如“把大桥建了”、“把铁路修了”都不能成立,因为大桥在未建之前不存在,铁路在未修之前也不存在。

总的来说,“把”字句表示一个有限的作用过程,在过程中,作用通过一定的方式或手段施加于事物,过程完后作用停止,效果出现。因此,宾后成分要能够做到这样几点:要说明实施作用的方式或手段,或者传递作用的方式或手段;要说明作用后所产生的效果;要说明作用有界。总的说明还是要落实到这样一点,即作用不但存在,而且必须有界,甚至可以认为,不能说明有界作用的“把”字句都不能成立。其实效果的出现也是对有界作用的间接说明,当然也可以对有界作用予以直接的说明，于是补语就有效果补语和界化补语之分。作用动词加“了”也可以表示有界的作用，处置就是一种有界的作用，表示处置的“把”字句都由作用动词构建，因此，表示处置的“把”字句不要补语而能够成立。此外，作用也不能为零，零作用就意味着宾语不受作用，自然就不会产生效果，可见零作用可以通过零效果来判断。以上句(92)之所以为病句，就是因为没有产生箱子移动的效果；句(93)中的“做得完”表示一种可能的效果；句(94)更是表示对效果的质疑。总之，都不表示确定的效果，所以这三个“把”字句也是不允许成立的。

因为被作用的对象是宾体事物，效果自然就应该体现于宾语。一般来说，效果都表现为宾体事物的各种变化。变化之中，有些很明显，有些很隐蔽，似乎看不出来，但却能感觉出来，对于这种看不出来的变化，进行一下宾体事物在作用前后的对比很有必要，为此，就要善于判断作用之前宾体事物的情状。

除了效果外，主体事物的付出也可以说明作用的存在，因为主体事物是作用者，但表示付出的动词必须是如“跑”、“玩”之类的动状动词，而且也要说明付出有界，于是“我把全城跑遍了”、“弟弟把游戏机玩了一会儿”便都能成立，因为动才会消耗自身的能量，静不会消耗能量，所以“坐”、“住”之类的静态动词都不能成为付出的手段，于是“我把椅子坐了一会儿”和“我把这间屋住了三年”都不能成立。精力的付出也可以用“把”字句来表述，如“我把钱数了好几遍”、“我把这个问题想了很久”(很久不等于长久，所以也是有界的)，因为数钱和想问题也要付出精力。关于主体事物的付出，以往似乎讨论不多，这主要也是由于对“把”的认识不足，可见对“把”字句的研究也必须以“把”为中心而开展。

6.9.5 如何分析“把”字句的动词？

“把”字句的动词位居宾语的后面作为对“把”的说明，具体地说，其形象或表现为实施作用的方式或手段，或表现为传递作用的方式或手段，总之是将作用具体化。实施作用就是施动，施动对象就是受事，比如，“我把衣服脱了”和“孩子把饭吃了”中，衣服是“脱”的受事，饭是“吃”的受事，句尾接“了”表示动作的完成已经实现，自然也就表示作用停止了，得到的效果是衣服离开了身体，以及饭不存在了。这两点都说明了受事的变化，由此便可以得出这样的认识：受事宾语的“把”字句不要补语的协助而能够成立。其实宾语为受事的“把”字句就是施动类“把”字句，实施作用的手段无一例外都是用作用动词表示，因为作用动词本身就表示具有支配事物的作用意义，所以作用的存在无须用补语来说明。“打”、“撞”、“咬”、“砍”都是作用动词，都可以构建不要补语的“把”字句。例如：

(95)张三把李四打了。

(96)张三酒后驾车，把人撞了。

(97)一只流浪狗把张三咬了。

(98)张三把家门口的树吹了。

认知动词和情感动词都没有作用意义，因而都不能构建“把”字句。

(99)a.*我把自己犯错误的原因认识了。　b.我认识了自己犯错误的原因。

(100)a.*我把张三的底细知道了。　b.我知道了张三的底细。

(101)a.*我把她爱上了。　b.我爱上了她。

(102)a.*我把这里的情况熟悉了。　b.我熟悉了这里的情况。

如上所述，实施作用成为可能的一个条件是作用对象在施加作用之前必须存在，比如说，手表在拆之前是存在的，但在装之前却不存在，因而用“把”字句表述时就有下列差别：

(103)我把手表拆了。

(104)*我把手表装了。

“手表”虽然也是“装”的受事，然而就是因为装之前不存在，所以句(104)不能成立。其实施动之前，受事也必须能被施事掌控，不如此就不能对其施加作用。例如：

(105)我把钥匙丢了。

(106)*我把钥匙找了。

丢之前钥匙被“我”掌控，找之前钥匙就不被“我”掌控了，于是便有了上述的差别。

(107)a.*把人抓了。　b.不问青红皂白就把人抓了。

(108)把人放了。

(107)中的a句不成立是因为该句不能说明“抓”之前是否掌控了要抓之人。b句则暗示所抓之人在抓之前已被掌控，只是没有认清楚所掌控之人，因而该句能够成立。句(108)也能够成立，因为“放”之前的“人”显然是已被掌控了。这样看来，作用动词能否进入“把”字句还要取决于受事是否先于施动之前存在，以及是否被施动者所掌控。关于这一点，最明显的例子是，可以说“把红旗升起来了”，但不能说“把太阳升起来了”，就因为太阳是自己升起来的，而红旗则是靠人的作用才能升起。

非受事宾语的“把”字句却是另一种表现，比如“我把椅子坐垮了”和“不干净的食物把我的肚子吃坏了”中，椅子不是“坐”的受事，因此“坐”不是施动的手段，然而“坐”传递了“我”的过度体重对椅子的作用，从而使椅子垮了；“吃”也传递了不干净的食物对肚子的作用，从而使肚子坏了，可见传递作用就是使动，因而传递作用的动词就表现为使动的手段。因为使动对象不是受事，所以拿掉补语后都不能成立，比如“我把椅子坐了”和“不干净的食物把我的肚子吃了”都不能成立。这样看来，作用对象就包含了施动对象和使动对象，只有施动对象才由受事充当。

现在来看一下以上两个“把”字句中宾体事物的变化，作用之前的椅子和肚子都是好好的，作用后椅子垮了，肚子坏了，可见“垮”和“坏”都能表示宾体事物的变化，然而是主体事物的作用才使宾体事物产生变化，因此宾体事物的变化就能证明作用存在。椅子垮了和肚子坏了之后作用也就停止了，可见作用的有界性尽管没有给予直接的说明，但也能够得到自然而然的体现。

实施作用的手段只能由作用动词充任，但作用动词和非作用动词都可以成为传递作用的手段。这样看来，使动类“把”字句对动词的要求就相对宽松多了，例如：

(109)你把我说糊涂了。

(110)天天大鱼大肉，把他吃胖了。

(111)他一天睡到晚，把眼睛都睡肿了。

(112)长时间坐硬板凳，把我的屁股都坐痛了。

“说”和“吃”是作用动词，“睡”和“坐”是非作用动词。尽管使动类“把”字句对动词的要求宽松，但认知动词还是不能进入使动类“把”字句，因为认知动词不能传递作用。

(113) a.*我把问题认清楚了。　　b.我把问题弄清楚了。

如上所述，使动类“把”字句所要强调的是作用后的效果，所以传递作用的动词可以不出现,《红楼梦》和《金瓶梅》上很多"把"字句都没有主动词就是这个缘故。

6.9.6 如何分析"把"字句的补语?

根据对语言事实的观察和分析,"把"字句的补语大致可分为效果补语、变化补语、界化补语、趋向补语和偏离补语五种。下面就来谈谈这五种补语的语用意义。

6.9.6.1 效果补语

效果补语是说明宾体事物受作用后所产生的效果,如以上句(25)b中的"清楚了"就是效果补语,句(109)—(112)中的补语也都是效果补语。复杂一点的效果补语常常用"得"字引介,例如:

(114)大风把路面吹得干干净净。

(115)一个响雷把孩子吓得哇哇直哭。

"得"是许可和获得的意思,需要注意的是,所引介的补语必须定度,因此,如果补语由形容词充任,则该形容词应为定度形容词。"干净"不是定度形容词,其重叠式"干干净净"才是定度形容词,"很干净"也是定度形容词,定度形容词才能够表示确定的效果,就因为这个道理,所以"大风把路面吹得干净"不能成立,"大风把路面吹得干干净净"和"大风把路面吹得很干净"才能成立,然而"大风把路面吹得很干干净净"反而不能成立,因为"干干净净"本身已经表示达到一尘不染的程度,自然就不需要再用"很"来为其定到相当高的程度了。

6.9.6.2 变化补语

变化补语是说明宾体事物本身的变化,例如:

(116)魔术师把鳄鱼变成了美女。

(117)在那里,丈夫把自己的妻子叫做家里的。

(118)我把奖赏看作是对我的鼓励。

以上三句是表述变化的"把"字句,变化补语都表示变后所得,因为变后所得和前面的动作没有必然的联系,所以就必须用一个中介词来引入变化补语,句(116)用"成"引入表示事物变化的补语;句(117)用"做"引入表示名称变化的补语；句(118)用“作”引入表示概念变化的补语。其实，鳄鱼变成美女是观众的感觉，妻子变成“家里的”是丈夫嘴中的变化，奖赏变作鼓励是作为主语的“我”眼中的变化，总之都不是发生于客观世界的变化，这就是“把”字句的主观性。

6.9.6.3 界化补语

界化补语是表示时空过程有界，主要用于实现类“把”字句，例如：

(119)由于忙，我只是把你写的文章稍微看了一下。

(120)请把事情的起因谈一谈。

“一下”、“一谈”都是界化补语，这种补语上面多次涉及，这里就不再多谈了。

6.9.6.4 趋向补语

以上所论述的补语都基于这样的语境，即宾体事物在作用之前不但存在，而且被主体事物掌控。如果宾体事物在作用之前不存在，或者虽然存在，但不被主体事物掌控，就需要用趋向补语了。

趋向补语是用趋向动词表示的补语。趋向动词只有几个，但用得最多的还是“起来”、“下来”和“下去”三个，它们所适用的情状各不相同。根据前面所说，“起来”表示使事物从静态转入动态，从无序转入有序，以及从自由转入拘束；“下来”表示使事物从动态转入静态，“下去”表示使事物的动作和状态继续。

首先来看以“起来”为补语的“把”字句：

(121)把锣鼓敲起来。

(122)把房子盖起来。

(123)把凶手捆起来。

(124)把钥匙捡起来。

句(121)的“起来”表示使锣鼓进入动态；句(122)的“起来”表示使房子进入有序状态；句(123)的“起来”表示使凶手进入拘束状态；句(124)的“起来”表示使钥匙离开地面而上升。在这四句中，只有句(122)中作为宾体事物的房子在作用之前不存在，不过汉语却把这个事物在作用前后的状态分别用无序和有序表示，这样一来，就可以认为，作用之前的房子并不是不存在，而是处于无序状态，“盖”就是使房子进入有序状态的手段，无序向有序的转化用“起来”表示。

再看用“下来”做补语的“把”字句：

(125)把人安顿下来。

(126)把这双鞋子买下来。

句(125)表示结束人的流动状态而使其进入静止状态，“买”是使商品退出流通领域的手段，所以句(126)也表示使鞋子从动态转入静态。

最后来看用“下去”做补语的“把”字句：

(127)虽然台下有人捣乱，我们还是照样把戏演下去。

趋向补语从字面上看似乎无助于语义的表达，但是却又省不得，省了以后“把”字句就不能成立，这说明趋向补语有其特殊的成句功能。

6.9.6.5 偏离补语

作为动作主体的人当然是为达到某种目的而进行动作，然而在动作的过程中却会由于某些原因而没有达到预定目标。如果把达到预定目标的动作视为正确的动作，那么，没有达到预定目标的动作就可以视为错误的动作。错误的动作可以认为是对正确动作的偏离，正是由于这种偏离，才导致了反映于宾语的错误效果。在语义表达上，正确可以表示为“对”，错误可以表示为“错”，于是“错”便可以认为是相对于“对”的偏离。

如上所说，动作的偏离是某些原因造成的，而动作的偏离又导致了反映于宾语的错误效果，可见表示偏离的情况也适于“把”字句的表述。其实，可以认为偏离的动作是某些原因的传递者，正是这些原因才导致了“错”的出现，这样看来，偏离的动作就变成了使动的手段，“错”就是使动的效果。然而“错”所表示的效果是直接地源于动作的偏离，因此就把“错”称为偏离补语。以下便是几个用“错”做补语的例句。

(128)a.我把路走错了。　　b.*我把路走对了。

(129)a.邮递员把信投错了。　　b.*邮递员把信投对了。

(130)a.我把这道题算错了。　　b.*我把这道题算对了。

(131)a.邮递员终于把信投对了。　　b.我终于把这道题算对了。

一般来说，“对”表示符合客观情况或当事者的主观意愿，“错”表示不符合，甚至违反客观情况或当事者的主观意愿，这样看来，“对”与“错”的判断既有客

观性,也有主观性。下面便是对以上各句的解释:

通向目的地的路是存在的,但在行走时由于不熟悉而偏离了对的路,结果就使走路者走上了错误的道路,于是行走过程完了之后便可以用“把”字句表述为“我把路走错了”。如果发觉路走对了,就说明没有偏离对的路,也就是说,“对了”不能体现路的偏离,从而也就说明作为作用对象的“路”没有受到不熟悉的影响,因此就不能用“把”字句表述为“我把路走对了”,只能用动补句表述为“我走对了路”。

信总是要投递于收信人,真正的收信人也是存在的。人们都认为把信投到真正的收信人手里才是“对”,但由于种种原因而使信的投向偏离了“对”,于是投递之后就可以说“邮递员把信投错了”。信没有错,而是信的投向错了,可见此句的“错”并不体现于信的本身,而是体现于信的投向,这和以上的“错”体现于路的情况是不一样的,但是也表示了相对于“对”的偏离。投向之错是由于错误的投递造成的,所以“错”的语义指向了动词“投”。

题目的正确答案也是存在的,算题时,或由于知识的不足,或由于粗心大意而把答案算错了,于是就可以说“我把这道题算错了”,此句的“错”也不体现于这道题的本身,而是体现于这道题的答案,不过,算错答案也可以认为是使答案偏离了“对”。

可能由于信封上的地址没有写清楚,也可能是由于地址的变迁,总之是经过多次投错之后,才使“错”变为“对”,以至于可以说“邮递员终于把信投对了”,其中的“终于”就表示经过多次动作才出现正确的结果。同样,如果多次计算都没有算对答案,最后一次计算才把答案算对,于是就可以认为,最后的“对”是由此前的一次“错”变来的,因此就可以用“把”字句表述为“我终于把这道题算对了”。

如果从哲学意义上来理解,对正确的偏离必定是错误,但对错误的偏离不一定是正确,很可能是另一种错误,这是因为正确有唯一性,而错误却可以很多,甚至可以多到无穷,比如一道数学题,正确的答案只有一个,错误的答案却有无穷多。由此可见,对错误的偏离有模糊性,“把”字句的补语是不允许有模糊性的,因此,偏离补语只能表达对正确的偏离,而不能表达对错误的偏离。

6.9.7　为什么“我把饭吃饱了”和“饭把我吃饱了”都能够成立？

在这两个“把”字句中，“吃”是可以不出现的，也就是说，“我把饭饱了”和“饭把我饱了”照样可以说，然而“饭饱了”却令人难以理解。其实“吃饭”是人对饭的接纳，然而接纳量有一个最大值，最大值到达后人和进入体内的饭都处于饱和状态，因此“饱”的语义既指向人，也指向饭，这便是“我饱了”和“饭饱了”都可以说的道理。

“我把饭吃饱了”可以省去“饱”而说成“我把饭吃了”，然而“饭把我吃饱了”却不能省去“饱”而说成“饭把我吃了”，由此可见，“吃”在“我把饭吃饱了”中表现为我对饭实施作用的手段，在“饭把我吃饱了”中“吃”表现为传递饭对我实施反作用的手段。两句中的“饱”都表现了宾语的状态变化，而且“饱”的状态出现后，“吃”也就停止了，可见这两个“把”字句都是合格的。

6.9.8　“由于害怕，她把眼睛闭着”和“为了避风，她把窗户关着”都能说吗？

活人的眼睛在不睡觉的时间内总是常开着的，即使闭眼也是短暂的，而且要给力才能闭上眼睛。由于害怕而导致的闭眼当然是持续的，持续地闭着眼睛需要持续地给力，给力就是作用，可见以上第一句是成立的。

开和闭是窗户的两种状态，状态的选择自然也由人操控，不过操控并不要持续，也就是说，操控一次之后，窗户便稳定于所选择的状态，这就说明不需要持续给力而能使窗户的状态持续。为了避风当然要使闭的状态持续，但不需要持续给力，也就是不要持续的作用，由此可见，以上第二句不能成立。

同理“他把汽车开了两个小时”能够说，“他把汽车停了两个小时”也不能说，因为持续地开必然导致汽车的位置持续地变，持续地变更位置就必须持续地输入能量，输入能量就是施加作用，但持续地停就意味着汽车的位置持续不变，就因为这个道理第二句也不能说。事实上，汽车停了以后就不需要人去操控了。

总之，对“把”字句的判断要作具体的形象分析，不能单凭字面结构的相似与否而作判断，这在对外教学中是需要讲清楚的。

6.9.9 为什么在战斗动员时人们总是高呼“我们要把侵略者赶出国门”，而不是高呼“侵略者要被我们赶出国门”，也不是高呼“我们要赶侵略者出国门”？

以上第一句是“把”字句，第二句是“被”字句，第三句是兼语句，三句都以“出国门”结尾，但形象意义却不一样。“把”字句表示“出国门”是作为主语的“我们”施加作用的结果，当然就能显示我们的力量；“被”字句表示“出国门”是作为主语的“敌人”被遭受后的结果，于是该句便表示赶侵略者出国门是我们使侵略者遭受的形象，这样一来，侵略者反而变成了值得同情的对象，这就根本违背了战争动员的意图；兼语句表示“出国门”是作为宾语的“侵略者”被赶之后的自动动作，这也不能充分显示我们的力量。由此可见，“把”字句作为战争动员的口号是最佳的选择。

现在就来分析一下以上“把”字句的成立条件，显然，“我们”对“侵略者”的作用通过“赶”而实现，“出国门”则是“赶”的效果。“赶”之前的侵略者是在国内，能被我们掌控，“出国门”则充分体现了敌人在位置上的变化，可见以上“把”字句是能够成立的。高呼“我们要把侵略者赶出国门”时，“出国门”并未成为事实，因此句尾无“了”。这就说明“把”字句还有已然式和未然式之分。显然以上是未然式，如果将其变为已然式，那就是，“我们把侵略者赶出国门了”。作为动员的口号，当然是应该用未然式。因为“把”字句都要表示效果的出现，所以未然式的“把”字句都是用因果词或因果词组结尾，比如“你去把窗户打开”，“打开”便是因果词，“我们要把侵略者赶出国门”中，“赶出国门”便是因果词组。

6.9.10 “黄龙队战胜了白虎队”和“黄龙队战败了白虎队”都能说，然而为什么只能说“黄龙队把白虎队战败了”，却不能说“黄龙队把白虎队战胜了”？

比赛的目的就是要使对方败，对方败了自然就是自己这一方胜了。使对方败就要付出比对方更大更强的力量，于是就可以用“把”字句“黄龙队把白虎队战败了”来表示黄龙队更强力量的付出。然而“黄龙队把白虎队战胜了”却表示黄龙队致使白虎队成为胜者，这违反了比赛的逻辑，自然不能成立。

参考文献

[1]吕叔湘:《汉语语法分析问题》,商务印书馆1979年版,北京大学出版社2007年重版。

[2]冯友兰:《中国哲学简史》,北京大学出版社1985年版。

[3]林语堂:《论东西思想法之不同》,载《林语堂名著全集》,东北师范大学出版社1994年版。

[4]徐通锵:《语言论》,东北师范大学出版社1997年版。

[5]吕叔湘:《现代汉语八百词》,商务印书馆2001年版。

[6]潘文国:《字本位与汉语研究》,华东师范大学出版社2002年版。

[7]中国社会科学院语言研究所词典编辑室:《现代汉语词典》第五版,商务印书馆出版。

[8]徐通锵:《语言学是什么》,北京大学出版社2007年版。

[9]李华倬:《基于中国哲学思想的汉语研究》,江苏大学出版社2010年版。

[10]朱德熙:《"的"字结构和判断句》,载《中国语文》1978年第1期、第2期。

[11]沈家煊:《有界与无界》,载《中国语文》1995年第5期。

[12]张伯江:《论"把"字句的句式语义》,载《语言研究》2000年第1期。

[13]冯胜利:《论汉语"词"的多维性》,载《当代语言学》2001年第3期。

[14]徐通锵:《对比和汉语语法研究的方法论》,载《语言研究》2001年第4期。

[15]徐杰:《"及物性"特征与相关的四类动词》,载《语言研究》2001年第3期。

[16]李树俨:《汉语研究,敢问路在何方?》,载《语文研究》2002年第1期。

[17]延俊荣:《双宾句研究述评》,载《语文研究》2002年第4期。

[18]沈家煊:《如何处置“处置式”?》,载《中国语文》2002年第5期。

[19]赵长才:《结构助词“得”的来源与“V得C”述补结构的形成》,载《中国语文》2002年第2期。

[20]秦洪武:《汉语“动词+时量短语”结构的情状类型和界性分析》,载《当代语言学》2002年第2期。

[21]周荐:《论词的构成、结构和地位》,载《中国语文》2003年第2期。

[22]王红旗:《“把”字句的意义究竟是什么》,载《语文研究》2003年第2期。

[23]袁毓林:《从焦点理论看句尾“的”的句法语义功能》,载《中国语文》2003年第1期。

[24]马清华:《汉语语法化问题的研究》,载《语言研究》2003年第2期。

[25]董为光:《汉语时间顺序的认知基础》,载《当代语言学》2004年第2期。

[26]邢福义:《承赐型“被”字句》,载《语言研究》2004年第1期。

[27]石毓智:《汉语的领有动词与完成体的表达》,载《语言研究》2004年第2期。

[28]胡文译:《汉语存现句及相关并列紧缩结构的认知功能语法分析》,载《语言教学与研究》2004年第4期。

[29]徐通锵:《字的重新分析和汉语语义语法的研究》,载《语文研究》2005年第3期。

[30]姚振武:《论本体名词》,载《语文研究》2005年第4期。

[31]吴福祥:《汉语体标记“了、着”为什么不能强制性使用》,载《当代语言学》2005年第3期。

[32]陈前瑞:《句尾“了”将来时间用法的发展》,载《语言教学与研究》2005年第1期。

[33]陈立民:《也说“就”和“才”》,载《当代语言学》2005年第2期。

[34]徐通锵:《“字本位”和语言研究》,载《语言教学与研究》2005年第6期。

[35]刘培玉、赵敬华:《“表一里”印证与“把”字句的语义研究》,载《汉语学报》2006年第1期。

[36]丁加勇:《容纳句的数量关系、句法特征及认知解释》,载《汉语学报》2006年第1期。

[37]杨凯荣:《论趋向补语和宾语的位置》,载《汉语学报》2006年第2期。

[38]黄晓琴:《试论动结式的三种宾语》,载《汉语学报》2006年第3期。

[39]潘文国:《"字本位"理论的哲学思考》,载《语言教学与研究》2006年第3期。

[40]郭燕妮:《致使义把字句的句法语义语用分析》,载《汉语学报》2008年第1期。

[41]范晓:《论句式意义》,载《汉语学报》2010年第3期。

[42]付义琴:《时间副词"在"的定位功能》,载《汉语学报》2012年第1期。

[43]邢福义、谢晓明:《现代汉语语法研究中理论与事实的互动》,载《汉语学报》2013年第3期。